财务共享理论与实践探析

唐璇子　王海芳　张　璞◎著

中国出版集团　现代出版社

图书在版编目（CIP）数据

财务共享理论与实践探析 / 唐璇子，王海芳，张璞著. -- 北京：现代出版社，2023.9
ISBN 978-7-5231-0520-7

Ⅰ．①财… Ⅱ．①唐… ②王… ③张… Ⅲ．①企业管理－财务管理－研究 Ⅳ．①F275

中国国家版本馆CIP数据核字(2023)第164726号

财务共享理论与实践探析

作　　者	唐璇子　王海芳　张　璞
责任编辑	刘　刚
出版发行	现代出版社
地　　址	北京市朝阳区安外安华里504 号
邮　　编	100011
电　　话	010-64267325　64245264(传真)
网　　址	www.1980xd.com
电子邮箱	xiandai@ cnpitc.com.cn
印　　刷	北京四海锦诚印刷技术有限公司
版　　次	2023 年9 月第1 版 2023 年9 月第1 次印刷
开　　本	185 mm×260 mm　1/16
印　　张	11.25
字　　数	263千字
书　　号	ISBN 978-7-5231-0520-7
定　　价	68.00 元

前　言

　　财务共享理论的发展源于对财务管理的全面思考和转变。传统的财务管理往往以部门为中心，各个部门独立处理财务数据，造成信息孤岛和决策碎片化。财务共享理论提出了一种以整体性和协同性为基础的财务管理理念，通过促进不同部门之间的财务数据共享和交流，实现财务数据的一体化管理和有效利用。这一理论的核心观点是，财务共享能够提高财务决策的准确性和时效性，促进资源的合理配置和风险的及时控制，为企业的战略决策提供有力支持。然而，财务共享理论的实践并非一帆风顺。在实践中，企业面临着各种挑战和难题。首先，财务共享需要克服部门间的信息壁垒和数据孤岛，确保数据的一致性和准确性。其次，财务共享需要建立高效的数据共享平台和技术支持，以实现数据的实时交互和整合。最后，企业还需要制定合适的组织架构和流程，明确财务共享的责任和流程，确保共享的顺畅进行。这些实践中的问题和挑战需要企业在财务共享的道路上不断探索和解决。

　　本书以财务共享理论与实践为主题，展示了未来财务变革与财务转型的发展趋势，提出了财务共享服务是企业财务变革与财务转型的必经之路。本书以变革时代的财务转型为起点，引出财务共享的概念，财务共享的主体与客体、范围与模式以及财务共享服务的价值。本书对财务共享服务中心与信息化建设、财务共享服务中心的运营管理进行重点研究，并将之转变成可操作的实践方法和实施方案，最后阐述先进技术对财务共享服务的支持。

　　全书结构严谨，内容翔实，通俗易懂，理论观点新颖，论述深刻，具有较强的理论性、实践性和指导性，力求为相关读者扩充知识、拓宽知识面与视野。

　　本书在写作过程中，得到了许多专家和学者的帮助和指导，在此表示诚挚的谢意。由于笔者水平有限，加之时间仓促，书中难免存在疏漏之处，恳请读者提出宝贵意见，以便作者进一步修改，使之更加完善。

目 录

第一章
变革时代的财务转型

第一节　财务转型的时代背景

一、经济全球化的表现

经济全球化是商品、技术、信息、服务、货币、人员等生产要素的跨国、跨地区的流动，这种流动将全世界连接成一个统一的大市场，各国在这一大市场中发挥自己的优势，从而实现资源在世界范围内的优化配置。

经济全球化主要从以下几个方面表现出来。

第一，生产一体化。经济全球化最基本也最为实质的特征就是生产要素和商品的全球化流动，例如，波音 747 飞机有 400 万个零部件，由分布在 65 个国家的 1500 个大企业和 15000 多家中、小企业参与协作生产。德国拜耳公司与 35000 多家国内外企业建立了协作关系，拜耳向它们提供中间产品，由它们加工成各种最终产品。

第二，贸易自由化。每个国家几乎都成为世界经济体系中的一员，并从对外开放中得到实惠。1995 年 1 月 1 日世界贸易组织（WTO）正式运转，标志着一个以贸易自由化为中心、囊括当今世界各领域的多边贸易体制的构筑。

第三，金融一体化。世界性的金融机构网络、大量的金融业务跨国界进行，跨国贷款、跨国证券发行和跨国并购体系已经形成。世界各主要金融市场在时间上相互接续、价格上相互联动，几秒钟内就能实现上千万亿美元的交易，尤其是外汇市场已经成为世界上最具流动性的市场。

第四，科技全球化。各国科技资源在全球范围内实现优化配置，以信息技术产业为典型代表，先进技术和研发能力大规模跨国界转移，跨国界联合研发广泛存在，各国的技术标准越来越趋向一致。

二、企业全球化与跨国公司发展

跨国公司是当今世界经济中除国家以外最活跃的国际行为主体，是当今世界经济活动的主要组织者。跨国公司作为经济全球化的产物，它的迅速发展不仅使其在世界经济中的地位和作用不断加强，反过来也进一步促进了经济全球化，推动了国际分工的深化和经济全球化在生产、投资、贸易、金融、技术开发等方面的发展，推动了经济全球化的进程和世界经济的发展。

在经济全球化时代，企业从国内经营走向全球市场，有一个从初级阶段到高级阶段的演进过程，每个阶段都有不同的全球化形态。当企业成为无国界经营的全球性企业，企业的国籍属性就不再重要。企业的资源、产业链布局以全球为舞台，使战略、运营、文化全球化，企业不仅仅是将分别位于全球不同地理位置的点简单地连接起来（Global Connectedness），而且还要让它们组成和谐有序的交响乐曲，持续地奏出动听的乐章（Global Orchestration）。更重要的是，企业具有全球性，其思维方式、决策过程和企业文化都已超越国界，以全球为唯一的参照背景。真正实现全球化运营，需要能力的积累，不可一蹴而就，从全球范围来看只有为数不多的企业能达到这一境界，如可口可乐、百事、丰田汽车、埃克森美孚等。

三、管理思想发生变革

20 世纪 90 年代以来，知识经济使信息与知识成为重要的战略资源，技术越来越多地被用于企业管理；顾客的个性化、消费的多元化决定了企业只有合理组织全球资源，在全球市场上获得顾客的认同，才有生存和发展的可能。而企业组织越来越不能适应新的、竞争日益激烈的环境。美国企业从 20 世纪 80 年代起就开始了大规模的企业重组革命，日本企业也于 90 年代开始进行第二次管理革命。这十几年间，企业管理经历着前所未有的、脱胎换骨的变革。此时，传统的古典管理理论、行为科学理论、战略管理理论已不能满足管理实践的发展需求，管理学界提出要在企业管理的制度、流程、组织、文化等方方面面进行创新，出现了企业再造（Re-engineering）、学习型组织（Learning Organization）等新的管理思想。

企业再造理论的最终构架由迈克尔·海默（M. Hammer）博士与詹姆斯·昌佩（J. Champy）完成。1993 年，他们在其合著的《企业再造》中阐述了这一理论：现代企业普遍存在着"大企业病"，面对日新月异的变化与激烈的竞争，要提高企业的运营状况与效率，迫切需要脱胎换骨式的革命。企业再造的首要任务是业务流程再造（Business Process

Re-engineering，BPR），它是企业重新获得竞争优势与生存活力的有效途径。BPR 的实施又需两大基础，即现代信息技术与高素质的人才，以 BPR 为起点的企业再造工程将创造出一个全新的工作方式。

1990 年，彼德·圣吉（Peter M. Senge）所著的《第五项修炼》出版，该书的主要内容旨在说明：企业唯一持久的竞争优势源于比竞争对手学得更快更好的能力，面对剧烈变化的外在环境，组织应力求精简、扁平化、终身学习、不断改革创新，以维持竞争力。学习型组织不存在单一的模型，它是关于组织的概念和雇员作用的一种态度或理念，是用一种新的思维方式对组织的思考。在学习型组织中，每个人都要参与识别和解决问题，使组织能够进行不断的尝试，改善和提高它的能力。

四、科技革命带来影响

随着云计算、大数据、移动互联网等新一代信息技术的广泛应用，社会信息化、企业信息化日趋成熟，多样的、海量的数据以爆炸般的速度生成，全球数据的增长速度之快前所未有。

云计算技术使处理工具发生变化，移动互联网使沟通媒介发生变化，大数据提供的数据基础成为新发明和新服务的源泉。就像望远镜让我们能够感受宇宙，显微镜让我们能够观测微生物一样，大数据正在改变我们的生活及理解世界的方式。在大数据时代，每天都会产生海量数据。本质上说，仅仅把大数据存储起来并没有太多价值，在合理的时间内对这些海量数据进行撷取、管理和处理，进行基于大数据的洞察、分析和优化，才能为企业带来巨大的增值价值，这也是企业推行大数据的根本原因。大数据注重应用，其核心技术之一就是能够在不同的数据类型中，进行交叉分析。语义分析技术、图文转换技术、模式识别技术、地理信息技术等，都是大数据应用的体现。

大数据分析常和云计算联系到一起，因为实时的大型数据集分析需要向数十、数百甚至数千的电脑分配工作。云计算（Cloud Computing）就是这样一种资源交付和使用模式，用户可以通过网络以按需、易扩展的方式获得所需服务。基于云计算，服务提供商实现了为客户提供远程的及时服务，当用户在某时某地需要一项服务时，只需提出服务请求并付费，服务云就会提供相应的服务产品，使自己的运营能力像水和电一样让外部随需使用，即云服务。云服务可以支持任何企业或个人提出的在运营管理方面的需求，无须企业自行建设，可以将精力聚焦在核心业务中。

随着宽带无线接入技术和移动终端技术的飞速发展，越来越多的人希望在移动的过程中高速地接入互联网，获取急需的信息和服务，移动互联网应运而生并迅猛发展。移动互联网正逐渐渗透到人们生活、工作的各个领域，移动音乐、手机游戏、视频应用、手机支付、位置服务等丰富多彩的移动互联网应用迅猛发展，正在深刻改变信息时代的社会生活。由于移动互联网是一种不同的工作负载，已经改变了交易方式，所以在同一个系统里，有数据、有事物，有应用程序、基础架构，还有虚拟化资源，它通过无处不在的移动网络，将大量的数据传输到"云中"去。

移动互联网、云计算、大数据几个技术创新的领域连在一起，量化的数据促进"反馈经济"（Feedback Economy）的出现，经济的发展将进入一个新的时代，人们的行为很快地被纠正，发展走向很快地被认知，由技术创新带来的新经济形态的意义将越来越大。

第二节　财务转型的基本方向

随着信息时代的到来，数字化技术推动了企业变革和创新，而财务转型是企业管理变革的重中之重。数字化经济时代是基于云计算、大数据和财务共享中心，以管控服务型的财务共享和管理为代表的互联、共享、智能时代，对财务处理过程的标准化、流程化、自动化、智能化要求越来越高。财务职能要向业财融合、数字化、财务共享服务、个性化服务转型，资金集中管理要向产融结合转型。

一、实现业财融合

财务要转型，既要加强现有财务管理的标准化，又要业财融合，以财务流程为核心，依靠互联网等技术手段，不断延伸其业务链条到业务的最前端，构建端到端、企业内部到企业外部的完整生态闭环。

财务部门要全面参与业务部门的业务，使业务和财务做到信息互通，通过财务前移对业务进行管理，与企业经营战略结合，全面参与企业经营活动，从而支持企业发展战略。财务与业务信息互通后，财务部门对业务数据进行分析，为业务提供必要的财务信息；同时在企业内部可以打破部门岗位壁垒，在一些特殊业务部门设置必要的会计岗位或会计咨询服务岗位，完善部门业务管理及发展需要；财务与业务深度融合，注重事前、事中的核算，做好财务的动态化管理。

二、实现数字化转型

在数字化技术背景下，企业数字化转型不仅是业务流程信息化的过程，也是公司各个经营管理环节全面信息化，以数字信息推动公司经营、支持公司决策的过程。企业两大核心数据来源是业务和财务。在业务层面，财务数字化转型的首要工作是提升企业业务处理能力，通过对传统的标准化、重复性的业务进行梳理，依靠财务机器人进行集中处理，提高工作效率，对于可实现网络协同的、构建完整数据链条的业务，建立生态闭环。在业务决策层面，基于业务数据，搭建财务模型，借助大数据运算法则及AI（人工智能），通过可视化工具及时展示各类财务报表及财务指标，为企业提供更及时、有效的财务决策信息。在财务层面，借助ERP（企业资源计划）系统或专业化的财务共享平台，将财务的报销审核、核算记账等传统基础业务流程搬上系统，实现在线运营及管理。借助AI、大数据及云计算等新技术，提高财务信息应用的及时性及灵敏度，提升财务分析的智能化水平。

三、实现共享服务

建立财务共享服务平台，将不同区域实体的财务业务整合到统一的服务中心，将财务管理人员从繁重的日常事务中解脱出来，实现高效率的记账及报告，提升核算水平，实现财务分析的数据化、智能化。财务要实现共享服务，主要依托于信息技术、大数据技术及云计算技术，相关人员合理地处置财务事务中附着的各项流程，通过加强管理能力，改善组织架构，规范流程，提高流程效率。大型集团企业可构建标准统一的管控型财务共享中心。管控型财务共享中心可从核算共享、报账共享、标准财务共享、业财一体化财务共享、大共享五个方面考虑。

四、提供个性化的财务服务

传统的财务分析只是提供财务报表和简要分析，体现不出服务的个性化，不能满足不同层次人员的需求，股东、董事长、总经理、各业务部门员工等不同层次人员关注的重点不一样，因此需要构建股东和企业决策层为第一层级、公司员工为第二层级、公司客户为第三层级的个性化财务目标客户群。财务人员通过对信息的加工，满足不同用户的决策需求，为用户提供个性化的财务服务。

五、资金集中管理转向产融结合

资金管理是财务转型工作的核心。传统财务管理的重点在于资金管理，主要控制手段是资金集中，主要融资渠道是银行借贷。随着大数据时代的到来，金融新业态、产业新业态出现，资金管理不再仅仅是资金的集中归集调配，更多地表现为不同层次的产融结合，利用资本市场、产权交易市场、金融工具等促进业务拓展，由单一的资金集中管理向产业经营、资本经营、资产管理与价值管理深入融合方向发展。资金管控从内部管控向产业链管控转型，利用大数据、AI 等技术，系统地实现产业链条资金流动的实时化监测管控。

第三节　财务转型的过程分析

一、实现企业的目标

经济全球化、企业全球化、管理思想变革、科技革命……面对如此变幻莫测的商业环境，企业如何进行战略决策？要回答这一问题，我们必须先回答一个最本质的问题："企业的目标是什么？"迈克尔·波特（Michael Porter）在其《竞争优势》一书中阐明："企业所做的每件事都应该为顾客创造价值，而且，由于对于稀缺资源的竞争，每个企业都必须以某种讲求成本和效益的方式来创造价值。"也就是说，企业之间的竞争，从根本上看，是企业为顾客创造价值的能力之间的较量，为顾客提供他们满意的价值、为顾客创造更多更好的价值，是企业存在和发展的目标。然而，企业的经营活动纷繁复杂，如何保证企业的各项活动和过程中都秉承这一目标呢？其实，每一个企业，虽然其环境、规模、商业模式、管理方式都不一样，但是，从本质上来说，最终都会抽象成为业务循环、管理循环和信息循环，这三大循环相互协作，共同运转，构成了企业从战略制定到行为修正的 PDCA（Plan、Do、Check、Act）循环，只要每一项循环、循环的每一项活动都能遵循为顾客创造价值的目标，企业就能够保持竞争优势、实现持续发展。阿妮塔·S. 霍兰德（Anita Sawyer Hollander）在其《现代会计信息系统》一书中，对三大循环做出如下阐述：三大循环的第一个循环是企业的业务循环，企业通过开发和提供满足顾客需要的商品和服务来创造价值，而商品和服务是通过一系列的业务过程来提供的。业务过程是指为实现某个业务目标而进行的一系列活动[①]。不论所提供的商品和服务的种类如何，每个组织都至少存在三种类型的业务过程：一是获取/支付过程，获取、维护和支付企业所需的资源，这些资源包括人力资源、财产、厂房、设备、财务资源、原材料等，他们是企业向顾客提供商品和服务所需的输入；二是转换过程，将获取的资源转换为顾客需要的商品和服务。通过转换过程，原始的输入变成完工的商品和服务；三是销售/收款过程，向顾客销售和交付商

---

① 　阿妮塔·S. 霍兰德. 现代会计信息系统［M］. 杨周南等，译，北京：经济科学出版社，2000.

品及服务，并收取货款。

企业的管理者负责管理业务循环，管理活动可以分为：计划、执行、控制和评价。计划需要企业的管理者定义业务目标，优化业务过程，并提供实现目标所需的蓝图。企业的管理者必须发现可能得到的机会，并评价与每个机会相关的风险。然后管理者将业务过程分成较小的业务活动，组织并激励团队完成，从而执行计划。控制则是通过复查来实行，复查是为了验证某项业务活动或整个业务过程的执行结果是否与管理者所期望的结果一致。通常，管理者需要定期评价运营成果以考察业务过程是否正在实现组织的目标。评价的结果可用于修正计划、目标或期望值。计划—执行—控制—评价，这四项管理活动构成了三大循环中的第二个循环——管理循环。

管理的中心是决策。管理人员在计划、执行、控制、评价企业的过程中需要做出多项决策，而正确的决策需要及时、相关的信息。因此，在业务循环和管理循环运转的过程中，还有一条无形的信息流在发挥作用，这就是企业的第三个循环——信息循环。信息循环通过三个主要的信息过程提供决策有用的信息，分别是：记录业务活动数据、数据维护、报告管理所需的数据。

当企业的业务循环和管理循环发生变化时，信息循环也必须跟着变化。而当业务循环、信息循环和管理循环融为一体时，企业完成其目标并为顾客提供价值的可能性会大大增强；而当它们不能紧密合作时，企业会处于一种不协调和无效的状态，缓慢费力地前进。

二、分析财务转型的趋势

财务是信息循环的重要构成部分。财务的目标，是以客户为中心，将业务循环中的信息进行提取、挖掘、加工、分析、展示，输出内部报告和外部报告，支持企业的管理循环（含资金管理、预算管理、投资管理、风险管理、合规管理和税务管理等），进而支持企业的经营决策分析，为客户创造价值。全球化时代，技术的飞速进步让本已复杂多变的商业世界更加难以预料，企业需要获得的财务支持与日俱增，财务部门服务的不再仅仅局限于外部客户，而是包括了企业主价值链上的各个业务单元以及企业的各级管理者；财务部门需要提供的将不再仅仅是三张会计报表（资产负债表、利润表和现金流量表），而是从各个维度分析企业经营业绩的管理报告。

面对这样的挑战，CFO[①]们应该如何转型，才能应对新的环境和新的挑战？1995 年，《财富》刊登了一篇题为《超级 CFO》的封面文章，揭示了一种趋势："CFO 们领导公司的关键性变革，并作为 CEO[②] 的真正伙伴参与公司决策。"企业开始寻求新的财务管理的组织形式和结构：一方面企业试图取得成本上的优势；另一方面，又致力于财务资源整合，为公司的价值链管理及其战略决策提供财务支持。在社会、技术等综合因素的推动下，财务变革已势在必行。在财务变革过程中，出现如下三种趋势。

（一）降低财务运行成本

全球化促进了资源的优化配置，也带来了超越以往的激烈竞争。面对激烈的市场竞争，很多企业将降低成本作为竞争的重要手段，微利成为这一时代的鲜明特色；而传统的财务部门仍用超过 80% 的资源进行简单的交易记录和活动控制，这不仅没有增加企业的价值，还造成了企业资源的严重浪费。面对这一状况，财务部门也不得不寻求降低其成本的良方；不仅如此，在实现企业价值最大化目标的驱使下，价值链管理与战略决策支持要求财务提供支持的呼声越来越大，这就要求财务组织的结构能及时进行调整，整合资源，使财务人员的精力能从大量重复的基础核算业务中释放出来，进而投入企业的经营以及战略决策支持中去。

科尔尼咨询公司（Kearney）在对欧洲的 25 家跨国公司进行基准研究（Benchmarking Study）后发现，最大的财务成本削减措施在于"交易处理的规模效应"，交易处理量越大，单位交易的处理成本则越低，因此建立财务共享服务中心来处理大量交易将会大大降低成本。

财务外包是企业的另一个选择。由于精简流程和强化核心竞争力的需要，20 世纪 90 年代出现一种趋势——将非核心业务外包。财务外包虽然不如财务共享服务这么普及，但使用的公司正在增加。目前公司外包的财务模块主要是一些非核心模块，如应付账款、税务申报等。

（二）提供深入价值链的业务支持

随着现代企业的发展，越来越多的信息技术被应用在业务循环中，财务作为信息循环的重要构成部分，可以以这些信息技术为平台，更好地和业务循环以及管理循环相融合，

[①] 首席财务官（又称首席财务长或财务总监；Chief Financial Officer, CFO）是在一个企业集团或财阀中负责财务的最高执行人员。

[②] 首席执行官（Chief Executive Officer, CEO）是美国在 20 世纪 60 年代进行公司治理结构改革创新时的产物。

面向业务经营，提供财务服务。

财务可以在如下三个方面提供深入价值链的业务支持：①和业务循环相融合，控制和反馈业务循环是否遵循管理循环提出的规则和要求。②采集和存储有关业务循环的详细数据。③为管理循环提供及时的、与决策相关的报告。

（三）提供决策支持

决策支持所包含的范围甚广，其核心内容主要是三个方面：为企业战略提供财务评价，为管理层及经营者提供经营预测的模型和工具，为管理层提供动态的预算、预测信息和实时的经营信息。为帮助企业面对复杂的经济环境和激烈的市场竞争，财务必须从事后的记账、反映职能中予以转型，帮助管理者制定企业规章或政策，控制并塑造业务循环，支持企业经营决策。

三、明确财务的职能

财务职能是指财务在企业运行中所发挥的功能，财务职能服务于财务目标，受财务环境的影响产生不同的组织形式。

（一）财务目标与财务职能

财务目标是企业在特定的财务环境中组织财务活动、处理财务关系所要达到的目的，是整个财务管理工作的出发点和归宿。财务职能的内涵则是如何实施财务管理，即如何组织企业的财务活动，处理财务关系，提高资金的使用效益，以达到既定目标。

（二）财务环境与财务职能

财务环境是企业从事财务管理活动过程中所处的特定时间和空间。财务环境既包括企业经营所面临的政治、经济、法律和社会文化等宏观环境，也包含企业自身管理体制、经营组织形式、生产经营规模、内部管理水平等微观环境。财务环境对企业财务活动的影响有些是直接的，有些是间接的。就财务职能而言，其内涵与外延总是伴随着经济、科技、文化、法律、市场经济体制等环境因素的变化而不断发生变化。

从影响财务职能的因素来看，企业面临的竞争环境越激烈，财务的职能越重要，所要迎接的挑战也越大。企业管理模式正在发生变化，相应地也要求财务职能做出改变。

（三）财务基本职能的层次划分

在财务的基本职能中，纵向可以分为"6+1"个模块，横向可以分为执行层、控制层和指导层三个层次。

1. 从纵向来看

纵向来看，财务基本职能分为"6+1"个模块，"6"是指财务核算（含财务运作和财务报告）、资金管理、税务管理、经营绩效管理、预算管理、成本管理。其中，财务核算、资金管理、税务管理共同构成企业的财务会计职能；经营绩效管理、预算管理和成本管理共同构成企业的管理会计职能。"1"是指研究全球重点问题的专家团队——财经管理研究院。除此之外，财务职能还应包括投资、融资、证券投资者关系管理和风险内控管理。

（1）财务核算：根据政策法规的要求确定企业会计政策和财务制度，完成财务核算、出具单体报表和合并报表。

（2）资金管理：资金的统一收付、债权债务管理、融资管理、全球资金的调度管理、汇率风险的管理等。

（3）税务管理：在全球复杂多样的税务环境下，基于税务筹划、税务核算、税务申报、税务检查四个环节构建商务模式，将税务核算与核算体系相结合，应对税务稽查与检查。

（4）经营绩效管理：经营业绩评估与预测、考核评价、管理报告出具等。

（5）预算管理：制定资源的管理机制和目标平衡机制、预算目标、预算编制、预算执行及分析报表。

（6）成本管理：采用全成本管理理念，将成本转化为可对象化的费用，使成本的提取维度不断精准。

（7）财经管理研究院：重点针对全球各国的商业模式、税务、资金、汇率、核算政策和核算实务领域的突出问题，以项目运作方式予以跟踪推进。

2. 从横向来看

从横向来看，财务基本职能分为执行层、控制层和指导层。每一个具体职能，都可划分为这三个层次。

（1）执行层：根据指导层、控制层制定的制度和规则，高效、可靠、低成本地完成基础财务处理流程，并提供财务数据。如财务核算中的应收及应付、固定资产、工资、费用核算、定期关账并出具财务报表、内部往来清理及自查报告等，都属于执行层的工作。

（2）控制层：一方面，控制层将公司战略决策向执行层推进、落实；另一方面，控制层将执行层提供的财务数据转变为有效的财务信息，及时传递至相关的决策者，提供战略决策支持。例如，税务管理中的税务合规性管理，既要满足指导层对税务合规性的要求，又要根据执行层完成的税务核算数据，检查是否出现了政策没有覆盖到的新情况，并提交指导层出具指导意见。

（3）指导层：将公司的战略意图转化为更为详细的资源分配机制、绩效考核机制、内控管理机制等，通过 PDCA 循环，助力公司实现战略目标。例如，预算管理中的预算规则、预算流程的制定、预算模型的设计等，都是基于公司战略，在政策层面上的细化，引导公司资源合理分配。

第四节　财务转型的有效路径

一、共享服务是财务转型的第一步

财务转型是指一个企业的财务部门在财务战略、角色定位、组织结构和操作流程等方面的全方位转变，以及财务组织在信息系统等技术支持下所进行的职能定位、组织结构、人力资源等全方位优化。如果没有清晰的路线图，财务转型及财务运营提升则会变得复杂且具有挑战性。面对 CFO 经常询问的"我们该从何处出发"的问题，首先需要将目光聚焦在交易处理业务领域，只有将财务自身从交易处理的工作中解放出来，才有可能承担更多的决策支持职能。共享服务通过将各分子机构中分散、重复的财务核算和账务处理业务予以标准化、流程化，为财务转型提供数据基础、管理基础和组织基础，成为财务转型的第一步。

（一）共享服务的概念

最早诞生于 20 世纪 80 年代西方国家的共享服务，被视为一场跨国企业的"集体冲动"。当时，正值经济全球化和信息技术的迅猛发展期，发达国家经济增长放缓、竞争加剧，而发展中国家和新兴市场经济增长强劲。一些领先的跨国企业将视野转移到发展中国家和新兴市场，纷纷加速区域化扩张的步伐，通过直接投资、兼并收购等手段建立了遍布全球的分支机构。伴随着全球化、区域化经营脚步的加快，跨国企业管理中出现了一系列新的难题：企业规模不断发展壮大，分支机构日益增多，原有的分散式组织形式出现了规模不经济、管理成本居高不下、集团管控难度大、政策执行力差、机构人员冗杂等问题。一种新的管理模式呼之欲出。

共享服务的核心内容，就是把原本分散于企业各个分支机构的重复的、日常的事务性活动，从原来的业务单元中剥离出来，进行合并或者重新整合，再由专门成立的独立实体提供专业、统一、标准化的服务。这种由分散到集中、由共享服务中心统一提供的标准化、流水线作业模式，带来显而易见的好处——低成本、高效率。通常而言，财务管理、人力资源管理和信息技术管理等事务性或专业化活动适宜采用共享服务模式。

共享服务背后的逻辑并不复杂。往远可追溯到200多年前英国经济学家亚当·斯密在《国富论》中提出的"专业化分工可以提高劳动生产率"；往近可追溯到20世纪初，美国人亨利·福特在汽车生产中率先引入"流水线"作业方式，隐藏在背后的逻辑就是规模经济所带来的生产成本的降低和劳动生产率的提高。

共享服务在企业中应用广泛，凡是企业中事务性或者需要充分发挥专业技能的活动，如财务、IT（互联网技术）、人力资源，都可以通过共享服务的方式进行企业内部不同部门和业务单元间的组织和资源整合。

根据国际财务共享服务管理协会（International Financial Shared Service Association，IFSS）的定义，所谓共享服务，是依托信息技术，以流程处理为核心，以优化组织结构、规范流程、提升流程效率、降低运营成本或创造价值为目的，以市场化的视角为内外部客户提供专业化生产服务的管理模式。

共享服务的目的是为所有客户提供低成本、灵活且优质的服务。共享服务结合了集中化模式和分散模式的优点，具有如下几个特点：①通过流程和技术优化消除冗余过程。②合并并重新设计非核心支持职能，将其纳入服务中心。③对运营单元保留的组织和职责进行重新设计。④通过双向的服务水平协议促进责任共担。⑤加强对内部客户服务和成本管理的关注。

（二）共享服务为财务转型提供基础

共享服务为财务转型提供的三大基础。

1. 数据基础

从事财务工作的人在谈及"数据"时，往往会联想到纷繁复杂的数据口径、多种多样的数据加工方法和一整套看似逻辑严密却永远也解释不清楚的数据假设。之所以存在这种情况，是因为各分子公司在进行数据处理时采用不同的规则，或者虽然采用同一规则，但操作方式上又不同，如此，每个节点出现一个细小的差异，就会导致数据在宏观层面的合并、汇总、处理过程中出现口径不一致的问题，而处理口径不一致的方法和假设，往往也带有主观的色彩。在这种基础上产生的数据和信息，很难对经营决策提供强有力的支持。

共享服务通过标准化、流程化的处理流程和操作规范，保证了所有的基础数据从产生的源头起就遵循统一的逻辑规则，这样，每个数据从诞生之初就成为一个标准统一的粒子，能轻松地和其他数据粒子对接、整合，大大减少了数据加工过程中的数据转换和数据假设，使报告和决策支持在数据层面获得裨益。

2. 管理基础

没有规矩、不成方圆。衡量一个企业的管理水平，常常以其是否具备完善的财务制度和流程为判断标准。然而，有制度和流程与有标准统一的制度和流程，又是两个完全不同的层次。世界级的财务能力第一条——基础架构，要求企业必须具有统一的会计科目、信息系统、财务流程和财务制度。然而目前大部分企业集团，虽然在集团层面有明确的制度和流程，但是各分子公司又存在不同的个性化诠释和执行标准，导致从集团层面来看，存在几十套甚至上百套的流程和制度。标准不统一，就难以计量、评价和考核，各分子公司各自为政，集团很难整体协调资源，并对外界的竞争和挑战作出快速正确的响应。

根据共享服务的发展路径，第一个阶段是在不同的地方，以相同的标准做事；第二个阶段是在同一个地方以相同的标准做事，达到集中的层次；第三个阶段是在同一个地方以相同的标准按照专业化的分工来做事，达到共享的层次；第四个阶段是承接外包或者被外包。可以看到，"相同的标准"贯穿共享服务的发展全过程，共享服务发展的过程就是企业不断标准化的过程，共享服务成为企业提高管理水平的重要手段。

3. 组织基础

共享服务通过集中提供财务基础服务的方式，使以前大量陷入财务基础工作的人员得以释放。从直观上来看，共享服务将财务核算人员集中在一起，实际上，建立共享服务的主要目的并不是为了集中，而是为了分散，把更多的财务人员分散下去。财务共享服务通过标准化、制度化、流程化的服务和 IT 技术，对人员结构进行优化，在企业财务总人力没有增加的情况下，释放更多人力关注附加值更高的问题。一个是与决策有关的战略财务，另一个是深入基层的业务财务，让财务管理渗透到研发、产品、销售等每一个经营环节，将财务更多的时间和精力投入业务支持和战略决策支持中，实现了财务核算类岗位和财务管理类岗位的分离，使财务转型变革落实到人。

二、财务转型的可操作路径

在共享服务的支持下，财务转型从复杂模糊的概念逐渐落实成为清晰可操作的路径，形成共享服务建设—财务管理模式雏形—专项能力持续提升三个阶段的转型路径。

第一步：共享服务建设。按照财务的职能模块，梳理出执行层、控制层和指导层三个层次的详细工作内容，将执行层的工作按照标准化、流程化的作业方式进行业务流程再造，纳入新成立的共享服务。明确共享服务和业务单元、其他财务部门的职责。依托共享服务为业务运转提供高效、可靠、低成本的财务基础服务和财务数据服务，全力支撑公司业务的高速发展和扩张。

第二步：财务管理模式雏形。在共享服务的支持下，财务职能和财务人员开始分化，形成战略财务、业务财务、共享服务和专家团队的财务管理模式雏形。四个团队开始探索各自领域的工作模式，形成对各种问题的理解和判断，并根据工作实践不断优化，进入PDCA 的良性循环。

第三步：专项能力持续提升。在财务管理模式形成雏形的基础上，战略财务、业务财务、共享服务和专家团队不断梳理各项财务专项职能，使企业在资金、税务、汇率、内控、财务报告等各领域的财务管理水平符合国际化、专业化的标准，财务人员在各自的领域内发挥价值。同时，由于专业化分工的不断加强，财务人员的职业发展路径也逐步清晰，人员的培养和流动更加科学和有序，为企业的持续发展提供最宝贵的人员财富。

随着战略财务、业务财务、共享服务、专家团队四个团队专项能力的持续提升，财务管理将呈现非财务化的发展趋势。首先，由于财务职能细分为执行层、控制层和指导层，执行层的工作又通过标准化、流程化、信息化、自动化成为一项标准服务，类似工厂通过流水线生产产品，财务通过标准流程生产财务数据，这一过程将不再需要财务的职业判断，只需要遵循事先设计好的流程和规则运转即可，因此，对专业财务人员的依赖将大大降低，更多的非财务人员将进入这一领域。其次，非财务化的另一层含义是财务人员将需要掌握更多的非财务类知识。战略财务需要根据公司的战略和经营计划，制定财务工作的指导方针和规则，通过预算、绩效等手段引导资源在公司范围内得到最优配置；业务财务需要全面掌握公司整体的生产流程和销售流程，乃至前后端的采购、维护的运作，财务人员成为企业全面经营管理的合作伙伴；专家团队需要在资金、税务、汇率、财务报告和商业模式领域不断纵深发展，提升专业化水平，在企业面对国际化挑战时提供及时专业的支持。在这一趋势下，财务工作将从单纯的"计算器"转型成企业的"导航仪"，提供企业发展的全局性、前瞻性决策支持信息，财务人员将从财务专业人才转型成企业的战略型、复合型管理专家，成为企业经营管理的重要参与者、CEO 的重要伙伴。

第二章
财务共享的基础理论

第一节 财务共享的概念

一、财务共享服务的概念

财务共享服务（Financial Shared Service，FSS），也称财务共享，是共享服务在财务领域的应用。简单来说，就是依托信息技术，将企业中重复性高、易于标准化的财务业务进行流程再造和标准化，交由财务共享服务中心统一处理，达到降低成本、提高业务处理效率、强化企业管控等目的的分布式管理模式。

在企业所有的部门职能中，财务工作有着重复性高、流程性强、规则性强等特征。因此，在财务领域应用共享服务这一模式最为广泛成熟。

二、财务共享服务中心的界定

财务共享服务中心（Financial Shared Service Center，FSSC）就是对外提供财务共享服务的组织。集团企业通过建立和运行财务共享服务中心，使财务组织和财务流程得以再造，使一些重复性高、易于流程化和标准化的财务工作，集中到财务共享服务中心来处理，从而大大提高财务日常工作的效率。一旦企业转变为跨地域集团系统，财务部门就可以在诸多关键领域运用共享服务中心，这些领域包括采购、付款、订单管理、收款、项目管理、资金管理、预算和财务报告等。财务共享服务中心可以使企业通过实现规模经济来降低财务管理费用。

（一）财务共享服务中心的主要特点

财务共享服务是一种创新的财务管理模式，提供这一服务的财务共享服务中心具有如下几个特点。

第一，财务共享服务中心是以一个独立组织的形式对外提供财务共享服务的。这个中心是通过对财务职能部门的再次分工聚合而来的一个专门的财务机构。财务共享服务中心与其他财务机构相对独立，专门负责处理财务核算工作。作为独立组织，财务共享服务中心通过独立化、专业化、标准化、规范化的运营，对外提供高质量的财务共享服务。

第二，财务共享服务中心是一个提供"财务会计和财务报告业务"服务的专业平台。财务共享服务中心为企业各个业务部门提供财务共享服务，以客户需求为导向，签订服务水平协议，促使企业将有限的资源和精力专注于核心业务。

第三，财务共享服务中心是一个由专门的团队按照统一的流程，利用 IT 进行标准化会计核算作业的中心。财务共享服务中心可以称为"会计工厂"或者"企业经营信息的标准化处理工厂"。这个工厂可以把业务语言翻译成财务语言，动态地反映企业财务状况、经营成果和现金流量。这个专门团队可以是实体的，也可以是虚拟的；既可以对内提供服务，也可以对外提供服务。

第四，财务共享服务中心是一个任务管理中心，也是一个任务委派发布、分配、处理、存档的中心。在财务共享服务中心，唯一的任务就是描述一个端到端的核算工作的属性，而不同的属性决定了任务的不同内容，即费用报销、应收应付、总账等。在财务共享服务中心，可以将一个任务理解为一个单据。一旦任务得以建立，财务共享服务中心就要按照相应的流程开始执行任务，而这个流程是信息流、实物流、资金流、工作流的融合。财务共享服务中心通过流程的再造与优化、标准化来提高工作效率、保证工作质量、加强内部控制、防范财务风险等。

第五，财务共享服务中心是会计信息的存储仓库，这个信息仓库可以为前端业务提供财务服务支持，也能为后端决策提供会计信息支持。当然，会计信息本身并不会创造价值，也不能进行决策，财务共享服务中心只是通过不同的技术展现形式为业务管理和决策分析提供专业的会计信息。这个仓库提供的会计信息只是企业信息的一部分，不是全部企业信息。也就是说，财务共享服务中心不可能取代企业其他信息系统，如 ERP、HR、CRM 等。

（二）财务共享服务中心的地位分析

财务共享服务中心在企业集团架构中的地位，主要有两种情形。

第一种情形，财务共享服务中心隶属集团财务部，在财务部下面设置会计税务中心、共享服务中心和财务预算中心三个机构，由会计税务中心制定会计核算规则及要求，由共享服务中心负责业务核算，核算的基础会计数据提供给财务预算中心作为分析的数据来源。财务预算中心和共享服务中心通过信息系统进行衔接，实行预算约束机制，使报销更有效率，审核质量进一步提高。

第二种情形，将财务共享服务中心和财务部设置成平行机构，财务部下面可以设立会计税务中心和财务预算中心。

(三) 财务共享服务中心的作用体现

财务共享服务中心在集团管控中扮演着十分重要的角色，其作用主要有以下几点。

第一，降低成本。这是共享服务中心最基础的作用，财务共享服务中心的设立不但可以降低人工成本，而且可以降低企业的内部管理成本。首先，在原模式下，各单位都需要设立财务的相关岗位，配置相应的人员，而把业务、资源等收回财务共享服务中心后，通过优化工作流程和完善 IT 系统，聘用少量的人员就可以处理多家单位、多个地区同样岗位的业务，从而使企业的人工成本降低。其次，实施财务共享服务可以促使业务流程更加简化、细化、标准化，从而大大提高效率。随着财务流程的标准化以及新技术的应用，个别岗位对于员工在学历、技能等方面的要求随之降低，企业的内部管理成本也将在一定程度上有所降低。

第二，提高服务质量及效率。通过财务共享服务将复杂的工作流程标准化、流程化，可以进一步提高工作效率。同时，提高效率也离不开 IT 系统的支撑，没有强大的 IT 系统，仅集中单据就将用掉比原来更多的时间。

第三，企业标准化进程加快。在原模式下，各单位的资源较为分散、业务的操作方式和流程均存在差异。而共享模式将从管理制度到系统规范，乃至报销操作、业务流程等内容标准化，进行集中处理。只有 IT 系统、业务规程等实现了标准化、统一化，才能实现集中的最终目标。上述改革加快了企业标准化的进程。

第四，信息高度集中、融会贯通。通过共享能够将更多的信息，有些可能是超出财务核算需要的信息收集上来，这是共享模式的另一个重要作用。因为业务的报销是从前台开始，企业可以借助集中的机会，扩充系统上的信息输入点及维度。当大量的信息集中到共享中心时，分析者将可以融会贯通，从而提供高质量的决策支撑报告。

第五，集团财务管控力度进一步加强。财务共享服务的实施可以使集团公司第一时间查询成员企业的财务管理信息，从而能够加强财务管控的力度。例如，以往各地区的成员企业向集团公司报送财务月报，报送时间受多种因素影响，集团总部较难实现实时管控，但在建立财务共享服务中心后，下属单位的多数财务工作转为通过财务共享服务中心办理，使得集团总部能够及时掌握成员企业财务工作的各项信息，进一步加强实时监控。

三、财务共享服务的理论基础

（一）规模经济理论

经济学和现代企业研究中的一项重要理论就是规模经济理论，它是指在一定时期内，企业产品绝对量的增加将使单位成本下降，换句话说，经营规模的扩大将使平均成本降低，利润水平提高。规模经济的基本内涵是指在投入增长后，产出增长的速度大于投入增长的速度，产量的增加可以降低单位产品的平均成本，即规模收益递增；反之，产出增长的速度小于投入增长的速度，产量的增加使得单位产品的平均成本上升，即规模收益递减。规模收益递增的情况被称为规模经济，规模收益递减的情况被称为规模不经济。

规模经济包括以下几个方面：一是生产的规模经济。即生产规模加大的同时，单位产品上分摊的厂房设备费用、管理费用等固定成本将有所减少。二是交易的规模经济。一次的大宗交易相较多个小规模交易而言，能更省时，并且能进一步降低交易成本及运输成本。三是储藏的规模经济。产品从买入后到出售前将涉及集中存放的问题，存放数量的增多将使单位储藏成本降低。四是专业化分工效益。从长期看，大宗的生产交易，将促使分工细化、专业化，促进技术、设施的革新。

（二）成本领先战略理论

成本领先战略是最基本的竞争战略之一。它是指采用较低的成本提供较高价值的产品和服务，从而吸引目标人群的战略。它是通过整合的承诺和行动，用比同行竞争对手更低的成本，提供顾客能够接受的质量及性能。它的作用在于使业务经营运作方式拥有较强的成本有效性，使企业与竞争对手相比拥有更加持久的成本优势。值得注意的是，成本领先战略的目标是获得比竞争对手相对低而非绝对低的成本。运用这一战略的企业需要保证以下几点：①产品的质量、性能是可以被绝大多数顾客接受的。②产品是相对标准化的。③价格相对较低。也就是说，采用成本领先战略的企业是在保证大多数顾客能够接受产品性能、质量的基础上来降低成本的。

（三）母子公司管控理论

母子公司管控是企业集团进行内部权责划分、开展战略、资产管理以及内部市场交易的基础。如果母公司无法通过对子公司实施控制而从其资产中获益，则母公司无法视子公司的资产为自己的资产。但是，从法律上讲，母公司和子公司都是独立的法人，具有独立的对外民事权利及义务，所以母公司只能通过法人治理机构对子公司行使监督权、决策权、控制权，而不应干预子公司的日常经营活动，这和企业内控体系存在差异。简而言之，母子公司管控的关键在于管控模式和管控制度。

管控模式主要是指母公司对子公司采取的管理方式，包括相对集权、相对分权、集权下的分权等几种形式，母公司既可以通过设定资本增值目标来管理子公司，也可以将子公司完全置于自己的严格控制下。

在管控模式下，需要完善战略、投资、财务、人力资源管理等各个方面的制度建设，实现对子公司的有效管控，促使集团公司整体优势最大化。

四、财务共享的发展阶段

纵观近几十年来财务共享的发展脉络，不难发现，财务共享在不同经济背景、不同企业发展模式、不同信息技术下呈现出不同的特点。最初的财务共享服务中心以"降本增效"为己任，随着经济环境的变化和信息技术的发展，财务共享服务中心的模式和价值也在不断进化。根据其建设模式和价值目标，企业财务共享服务中心的发展大致可以分为以下三个阶段：1.0阶段的财务共享依托信息技术实现了财务业务的集中处理和流程优化，其核心是"共享"；2.0阶段的财务共享通过自动化和协同化内联企业业务系统，外联商旅平台和税务平台，实现了业财税一体化的财务共享，其核心是"互联"；3.0阶段的财务共享在各个应用场景深度融合大数据、人工智能、内存计算和智能引擎等新技术，实现了业财税深度一体化的智能共享平台，其核心是"智能"。

在未来，随着技术的不断深化，财务共享将围绕数据共享构建企业数据仓库，融合管理会计和数据分析技术等，为企业构建以中台架构为核心的数字企业管理及决策平台。

（一）财务共享1.0阶段：共享

在1.0阶段，财务共享的核心是对财务会计工作的集中处理，其核心是"共享"。1.0阶段的财务共享，是把标准化的流程、重复性的工作集中起来，交给财务共享服务中心来做，它既满足集团管控、财务集中的目的，又能提高工作效率，减轻分子公司的专业压力。通过相应的制度调整安排，财务共享使分子公司的灵活性和集团政策落实及资源协同效果得到更好的发展。

在1.0阶段，随着企业信息化程度的不断提高以及新技术在财务工作中的应用越来越广泛，财务共享服务中心作为一个信息化平台，通过引入电子影像系统、电子报账平台，对接前端业务系统等方式，逐步将核算、资金、应收应付、合同、报表等财务模块纳入共享范围。同时企业能够系统地梳理应用场景，将财务流程标准化，进行流程再造。

但是在1.0阶段，财务共享服务中心基本上只完成财务部门传统工作的流程优化和组织结构调整，并没有减少财务人员特别是核算人员的工作量。只是将在传统财务模式下的业务搬迁到财务共享服务中心，以不同的地点、不同的系统和不同的流程完成而已。

因此，1.0阶段的财务共享只是交易层面的共享，并没有延伸到其他环节。目前国内大多数公司的财务共享服务中心仍处于这一阶段。随着数字技术、互联网应用的不断深入，有关企业采购、商旅消费的交易环节与财务环节相对独立的系统设计无法满足业财融合的需要，打通交易与财务环节的要求更加迫切。

（二）财务共享2.0阶段：互联

在2.0阶段，财务共享将与采购交易系统和税务管理系统相集成，形成业财税一体化的财务共享服务，其核心是"互联"。

2.0阶段的财务共享，一方面，连接外部的商旅、供应商、标准电商如京东、携程和滴滴等，以及内部的各种资源，搭建企业商城，优化重塑从申请到支付入账的整个采购流程，形成采购交易系统；另一方面，连接政府税务平台，搭建税务管理系统，通过OCR（光学字符识别）、财务机器人等数字技术与税控系统进行信息比对、集成，提高税务工作效率，更好地进行税务筹划。

2.0阶段的财务共享深度融合了业务与财务，随着管理模式和技术条件的不断成熟，越来越多的业务环节将纳入财务共享的系统连接中。一方面，通过公司统一结算，员工无须垫付资金，报销事项和单据量大幅减少，财务无须处理大量零散发票、记账和支付工作，工作量大幅降低；另一方面，业财融合使得财务数据背后有了更多维的业务信息，为管理决策提供更多的业财融合数据。

（三）财务共享3.0阶段：智能

在3.0阶段，财务共享连接前后台部门的运营和数据中台，承载智能共享服务、智能管理会计和智能数据分析等功能，其核心是"智能"。

随着信息技术的发展，财务共享作为管理会计应用的"基石"，正面临定位与价值的全面刷新。在"大智移云物"技术的渗透下，领先企业都在积极探索和建设以数据共享为核心的智能财务共享体系，这一体系是公司未来决策最重要的数据支持平台。3.0阶段的财务共享，在新技术驱动下，将搭载多项人工智能技术，全力打造用户智能体验，推动企业构建智能财务体系。

　　3.0 阶段的财务共享是财务共享发展的高级阶段，覆盖企业绝大部分的业务系统，成为企业强大的业务中台和数据中台，为更多的分子公司提供可以随时调用的业务支持。大量的业务交易产生大量的实时数据，使共享中心成为集团级数据中心，集成核算数据、预算数据、资金数据、资产数据、成本数据、外部标杆数据等，为数据建模、分析提供准确、全面、系统的数据来源，成为企业的业务调整依据和决策指导办法。

第二节　财务共享的主体与客体

一、财务共享的主体

　　所谓财务共享的主体，也就是"财务共享参与者"，它反映的是和"谁"共享的问题，这个"谁"即为财务共享的主体。诚如上文所述，财务共享主体能够从共享活动中获得稀缺性财务资源的使用权，进而为其创造价值，从这个角度来说，财务共享的主体必然具有开放性和多元性。换言之，从理论上来说，对于特定财务资源，一切对其具有使用需求的利益主体都可能成为其财务共享主体。对于表现各异的财务共享主体，可以将其归纳为下述几种类型。

（一）个人或家庭

　　任何财务资源最终都必须由"人"来支配，财务资源的价值就在于其对"人"具有有用性。从这个角度来说，个人（自然人）或其家庭是财务资源共享最微观的主体。从自然人（或其家庭）角度来看，他们通常对货币性财务资源（尤其是现金资源）具有同质化需求，对实物性财务资源（如计算机、场地）以及财务知识、技能、信息等非竞争性财务资源具有异质性需求。在这方面的典型例证是：对于货币资金（无论其所有者是自然人还是企业法人或非营利性组织），当某些个人或家庭缺钱时，他们对其就具有切实的使用需求，这些个人或家庭便可能成为该货币性财务资源的现实或潜在共享主体；再比如，若某人是财务领域从业人员，那么他对有用的稀缺性财务知识、技能、信息等就会有切实需求，进而他也可能成为标的财务资源的共享主体。

　　另外，对于企业内部各业务单位的工作人员（特别是财务从业人员）来说，他们均是个体意义上的"人"，很显然，其也是财务资源共享的常态化主体。一方面，他们作为

"企业人"，为了胜任岗位职责、增强业务能力，对相关财务知识（如财务经验、财务规律等）、财务技能（如 RPA 嵌入技巧、数据接口技术等）、财务信息（如预警指标、实时数据等）具有切实需求，是此类财务资源的现实共享主体；另一方面，他们作为"社会人"，为了扮演好各种社会角色，在特定时期或环境下，对货币性财务资源（侧重于现金资源）、实物性财务资源（如扫描仪、OCR 设备等）、技能性财务资源（如税务筹划方法、估值技巧等）也会产生不同程度的需求，因此他们也会成为相关财务资源现实或潜在的共享主体。

（二）组织内部的部门或机构

对于组织内部的不同部门或机构而言，由于其专业特点或职责分工存在差异，现实中难免存在两种情况。

其一，资源非对称配置。虽然任何组织都希望资源达到"物尽其用、人尽其才"的完美配置状态，但环境具有复杂性和不确定性，因此在组织实际运行过程中通常都存在资源非对称配置情况，即当 A 部门或机构在特定时点需要使用某财务资源时，该资源却归属于 B 部门，且暂时闲置或处于低效使用状态。

其二，信息不对称。组织内的任何部门或机构对自身信息了解的充分和准确程度相较于其他部门通常更高，即它对自身具有信息优势而对其他部门或机构具有信息劣势，因此组织内的部门或机构之间通常存在不同程度的信息不对称，这种现象在单位的业务部门和财务部门之间表现得尤为显著。

上述现象会不同程度地引发机构或部门之间的误解和摩擦，进而增加组织运行成本、降低组织运行效率。为切实解决这些问题，组织内不同部门或机构之间便产生了资源共享需求，即将人、财、物、知识、技能、信息等财务资源进行跨部门和跨机构共享，借此更充分地发挥财务资源的效用。在此诉求驱动下，组织内的部门或机构必然（而且也确实）是财务共享的常态化主体。

（三）企业或企业集团

在市场经济环境下，企业作为经济系统的微观单元和行为主体，也是包含财务资源在内的经济资源的运营主体。换言之，它既是人、财、物、知识、技能、信息等相关财务资源的提供者和产权主体，也是相关财务资源的需求者和使用者。

现实中，企业对财务资源的需求具有多样性、不确定性和非均衡性的特点，这会导致两方面的结果：第一，企业在全生命周期内所需要的所有财务资源不可能全部自我构建或自我拥有，这必然要求企业从外部取得相关财务资源的使用权，即与外部利益主体共享该财务资源。第二，企业自我构建或拥有的财务资源中，竞争性财务资源通常很难在其效用期内被满负荷使用（无任何闲置），非竞争性财务资源更无边际成本约束，为充分发挥这些资源的使用价值，企业期望在不影响资源自我使用的前提下对外释放其使用权，即与外部利益主体共享该财务资源。由此观之，企业是财务资源共享最活跃的行为主体之一。

对于由若干企业构成的企业集团来说，它为了获得市场竞争优势、增强在资源配置博弈中的话语权和影响力，通常也会以集团为单位对外开展资源再配置活动，即与集团之外的利益主体进行财务资源交换或共享。在此模式下，企业集团便成了举足轻重的财务资源共享主体。

（四）政府和非营利性组织

现代财务学认为，财务管理的对象是资金运动。有资金运动的利益主体都需要开展财务管理，而且也必然会存在财务管理。据此，除前述利益主体之外，各级政府和非营利性组织（如红十字会、各种学会或协会等）自然也需要开展财务管理与之相匹配，其也需要人、财、物、知识、技能、信息等相关财务资源。虽然由于财务管理目标不同，政府和非营利性组织对财务资源的需求与个人和企业（集团）存在差异性，但他们对财务资源的需求依然存在交集。比如，货币性财务资源、实物性财务资源既是个人和企业所需要的，也是政府和非营利性组织所需要的。因此，此类财务资源完全可能进行跨组织共享。另外，政府和非营利性组织所需的财务资源（如财务知识、财务技能等）存在更大的交集，它们之间也可以进行共享。由此观之，政府和非营利性组织同样是重要的财务共享主体。

二、财务共享的客体

所谓财务共享的客体，亦即"财务共享对象"，它反映的是财务共享动宾结构中，其宾语"是什么"以及"理应是什么"的问题。"共享"的宾语是"具有使用价值的经济资源"，自然地，"财务共享"的宾语理应是"具有使用价值的财务资源"。由此观之，包括人、财、物、知识、技能、信息等要素在内的一切具有使用价值的财务资源，从理论上说都可能成为财务共享的客体。由于有价值的财务资源通常具有明确的产权归属，其产权主体既有权力也有能力根据自身意愿将特定使用者排除在外，即现实中的财务资源通常具有排他性，这意味着，财务共享的客体通常是具有排他性的财务资源。对于现实情景下的企业来说，其具有使用价值的排他性财务资源众多，这就决定了财务共享的客体名目繁多，可将其归纳为竞争性财务资源和非竞争性财务资源两大类别。

（一）竞争性财务资源

所谓竞争性财务资源，是指当一个利益主体正在使用时，其他利益主体就不能同时使用的财务资源。此类财务资源主要涉及人、财、物等要素。

竞争性财务资源通常具有两个显著特征。

第一，不同利益主体只能串行使用（串行共享），而不能并行使用（并行共享）。换言之，新加入的共享主体只能在其他利益主体不使用期间（该资源闲置期）使用。这意味着，此类财务资源在共享时，其承载能力是有限度的。当该资源被若干利益主体满负荷使用（无闲置期）时，其共享程度即达到极限状态。

第二，任何共享参与者（含该资源的所有者）对该资源的使用都是有成本的，此类成本要么表现为付现成本（如共享付费），要么表现为机会成本（由于使用而失去的机会收益），并且在同等条件下，其成本额度通常和资源使用时长呈正比例关系。

在竞争性财务资源中，"人"是指从事财务相关业务的各层次人员，他们广泛分布在会计核算、成本管控、税务办理、预算管理、内部控制、财务分析、资本运作、审计鉴证、资产评估等财务相关业务领域，既包括一般财务人员，也包括各层次财务管理人员。"财"是指货币性财务资源，其核心是资金资源。事实上，在一定范围内建立统一的资金集中管理模式，尽可能地避免资金闲置，提高资金配置和使用效率，这本身就是财务共享的主要诉求和原始驱动力之所在。"物"是指一切具有空间形态的实物性财务资源，包括但不限于财务用房和办公场地、财务相关设备（如计算机、服务器、扫描仪、影像智能识别系统、财务机器人、OCR 设备等）、有形财务平台资源（如财务共享展示中心、财务共享服务中心）等。

（二）非竞争性财务资源

所谓非竞争性财务资源，是指当一个利益主体正在使用时，其他利益主体也能同时使用，且增加使用主体不会显著降低原使用主体的使用效果和使用质量的财务资源。此类财务资源主要包括知识、技能、信息等要素。非竞争性财务资源通常具有以下四个主要特征。

第一，零边际成本。此类财务资源建立或形成之后，使用者（共享者）的增加并不会导致资源生产成本的增加，资源生产者（维护者）无须增加额外投入来确保供给。换言之，新增加一个使用者的边际成本近似为零，共享不会带来"成本拥挤"问题。

第二，可并行使用。对于此类财务资源，不同利益主体既可以串行使用（串行共享），也可以并行使用（并行共享），还可以混行使用（随机共享）。因此，相较于竞争性财务资源而言，它具有巨大的共享承载能力。

第三，耐用性。此类财务资源不是实物性财务资源，其价值不会因为使用而衰减或减损，具有显著的耐用特性，因此此无须进行折旧。

第四，无形性。此类财务资源虽然使用的边际成本为零，但对于产权所有者而言，其构建或形成本身是有成本的。因此，此类财务资源虽然具有非竞争性，但通常具有排他性，其形成或构建成本可以（而且应该）在不同使用者之间进行摊销。这进一步表明，随着共享主体的增多和共享范围的扩大，资源的形成或构建成本将逐渐被摊薄，从而产生规模经济效应。由此观之，非竞争性财务资源属于无形资产范畴，相对于竞争性财务资源而言，它具有更大的共享潜力和更广阔的共享空间，将成为财务共享的主要客体。

在非竞争性财务资源中，"知识"是指由财务行为主体探索或发现的，并被检验或验证是正确（或科学）的财务经验、财务规律的统称。需要指出的是，根据信息对称性程度不同，"财务知识"又可以被分为通晓知识和专晓知识，通晓知识不具有排他性，通常处于自然共享状态，因此它不在本文论述的"共享"范围之列。本文所述的"知识"特指具有排他性的"专晓知识"，此类"知识"能为所有者或共同分享者带来预期经济利益或竞争优势，是企业重要的财务资源。"技能"是指财务行为主体通过学习、实践、钻研等方式习得或形成的，能科学高效地开展特定财务活动或完成特定财务任务的方法、技巧、能力的统称，它本质上属于当事人的无形资产或知识资产，包括但不限于财务软件、管理信息系统、数据接口技术、数据加密方法、系统维护方案等。"信息"是指财务行为主体通过收集、调查、访谈等方式汇集而成的有关财务经济活动或其结果的，具有决策参考价值的财务数据，它包括但不限于财务会计数据、管理会计数据、税务数据、财务分析数据、绩效评价数据等。事实上，在一定范围内和一定程度上实现信息共享，这本身就是财务共享的原始动因和核心诉求。

第三节　财务共享的范围与模式

一、财务共享的范围

由上述有关财务共享客体、财务共享主体的论述可以进一步发现，按照不同标准可以对财务共享进行多角度分类。比如：按照共享的财务资源品种不同，可以分为单资源共享和多资源共享；按照共享主体类别的不同，可以分为同类主体共享和异类主体共享；按照共享主体业务的不同，可以分为同业共享和异业共享……有关财务共享更多的分类在此不一一赘述。在有关财务共享的诸多分类标准中，财务共享范围是其中的重要视角，因为它不仅涉及财务共享的实践和现实进展，更关系到财务共享的发展方向和趋势。从财务共享范围的扩展路径和趋势看，财务共享的范围可归纳如下。

（一）组织内部财务共享

组织内部财务共享主要存在于特定组织（如公司、政府、学会等）内的部门与部门之间，以及部门与员工之间、组织与部门之间、组织与员工之间。比如，某擅长财务系统维护的专业人才，完全可能被公司的会计核算部门、预算管理部门、成本控制部门等多部门共享。再比如，通过业财税一体化建设，完全可以实现财务信息在公司业务部门和财务部门间的共享。事实上，很多企业的会计信息化建设（如办公 OA 系统、ERP 系统）、集中学习和业务交流、资金集中管理制度等，本质上都是在推动企业内部资源（含财务资源）的优化配置和共享。综观企业实践，组织内部的财务共享已非常普遍，并且呈现百花齐放的态势。

（二）集团内部财务共享

对于很多大型企业集团而言，其下属子公司在推进公司内部财务资源共享的同时，集团为充分发挥各子公司的财务协同效应，最大限度地实现集团整体利益目标，也会以股权为纽带推进集团内部财务共享进程，从而使集团内的财务资源达到优化配置状态。从目前的实务进展来看，越来越多的企业集团已经或正在建设自己的财务共享服务中心，从而将原来分散在各子公司、各职能部门的基本财务业务抽离出来，通过业务统一处理、规模化运作、高效信息传输，为集团内部成员提供标准化、流程化、高效率、低成本的财务服务，进而显著提高财务从业人员、资金、财务办公场地和设备、财务知识和财务技能、财务信息和财务数据等财务资源的配置与使用效率，并增强集团的整体竞争力。正因如此，推进集团内部财务共享已呈方兴未艾之势。

（三）跨集团财务共享

从财务共享的动因及功能来看，共享有助于提高财务资源配置和使用效率，更充分地发挥财务资源的作用和价值，进而在不使每个共享参与者利益受损的情况下增进全体共享参与者的整体社会福利。如此，共享范围越宽广，就越有助于将资源配置到最能充分发挥其效用的场域。循此逻辑，财务共享的范围必将跨越企业集团的藩篱，呈现跨集团共享之趋势。就目前财务共享实践进展来看，组织内部财务共享很大程度上是组织动用行政权力指示或命令的结果，集团内部财务共享很大程度上是集团总公司运用产权纽带策划或组织的结果，这两种共享都带有较强的行政特色。由于跨集团财务共享缺乏此类威权和强制力，因此可以预期，跨集团财务共享主要依靠市场这只"看不见的手"来发挥作用。跨集团财务共享虽然目前较为鲜见，但可以预测，这是财务共享不可逆转的发展趋势。循着该趋势，跨地域、跨行业乃至跨国界财务共享必将不断涌现并成为财务资源配置的新常态。

二、财务共享的主要模式

如前所述，财务共享是稀缺性财务资源的所有者将其所拥有的产权集中的部分权利让渡给其他利益主体的经济安排，其本质是对财务资源相关产权的再配置。从产权视角看，财务资源所有者通常拥有该资源的完整产权，包括所有权、使用权、受益权等，其中，所有权是这一系列权利的核心，使用权和受益权由此派生而来，但不同的权利可以分开行使。事实上，正是这种特性为标的财务资源实现共享提供了可能性。所有者在拥有财务资源所有权的前提下，可以将其部分或全部使用权及与之相对应的受益权长期或阶段性让渡给其他利益主体行使，从而更充分地发挥资源的使用价值，使稀缺性财务资源得以优化再配置。所谓财务共享模式，是指财务资源所有者和需求者（共享主体）围绕标的资源进行产权再配置的组织形式及实现方式。根据财务共享实务进展并辅以发展趋势进行研判，可将财务共享模式概括为下述四种类型。

（一）C2C 型财务共享模式

C2C[①] 型财务共享是指财务资源所有者保留其对资源的所有权，通过共享平台寻求资源潜在需求者，在确认供需匹配后，资源所有者在一定期限内将资源部分或全部使用权及相应受益权让渡给需求者（共享主体）的资源配置方式。

在 C2C 型财务共享模式下，共享平台扮演中介角色，其主要作用在于为财务资源所有者和需求者实现有效供需对接提供桥梁和纽带，进而缓解双方的信息不对称问题。实践中，C2C 型财务共享模式有多种表现形式，比如：为财务从业人员兼职提供中介服务，其本质属于财务人力资源的 C2C 型共享；为货币资金所有者放贷提供平台服务，其本质属于货币性财务资源的 C2C 型共享；为代理记账公司扩大客源提供平台服务，其本质属于财务

---

① 　C2C（Consumer to Consumer）实际是电子商务的专业用语，是个人与个人之间的电子商务。

资源打包的 C2C 型共享……由此观之，C2C 型财务共享模式在实践中已较为普遍。

该财务共享模式的优点在于：第一，共享方式灵活便捷，这有利于充分激发存量财务资源的活力，避免资源闲置和浪费。第二，对于通用性较强的财务资源，容易形成活跃的共享市场。第三，共享平台可以实现轻资产运营，平台运营风险较低。

然而，C2C 财务共享模式也存在诸多局限性，主要表现在：第一，共享平台不拥有标的财务资源的所有权，它对标的财务资源的了解相对欠充分，共享安排取决于资源所有者与需求者的谈判情况和最终约定，显然，这不利于实现共享服务的标准化。第二，财务资源所有者在特定时期和特定情景下也会成为该资源使用主体，即资源所有者兼具财务共享主体身份，这会导致在资源所有者自我效用最大化目标的驱使下，财务共享关系的稳固性和持久性相对较低。第三，此模式属于典型意义上的财务资源使用权"让渡"与"求偿"关系，并无利益协同方面的强链接，因此该模式下的共享参与者战略协同性相对不足。正因如此，C2C 型财务共享模式很难实现财务资源深度共享。

（二）B2C 型财务共享模式

在 B2C[①] 型财务共享模式下，财务资源所有者通常也是资源的需求者（共享成员之一）。对于竞争性财务资源，由其与其他需求者（共享主体）协调使用，从而尽可能地避免资源闲置，提高资源使用效率；对于非竞争性财务资源，由其给其他需求者（共享主体）让渡资源使用权，以更充分地发挥资源的使用价值。

在 B2C 型财务共享模式下，通常并不存在起中介作用的共享平台，财务资源使用权让渡由若干共享主体自行协调安排，此间，在这些共享主体中通常有一个权威性策划者（它可能是单个企业中的核心部门，也可能是企业集团的总公司），由其根据现实需要购建或置办财务资源，一方面用于满足自身的实际需求，另一方面给其他需求者进行使用权让渡。现实中，由于标的财务资源对其所有者（资源策划者）具有强适应性，甚至是量身定做，因此通用性程度一般较低。正因如此，从共享范围来看，B2C 型财务共享主要存在于组织内部或集团内部，跨集团共享的障碍相对较大。从财务共享实践看，目前流行的财务共享服务中心，本质上属于 B2C 型财务共享范畴。

B2C 型财务共享模式的优点在于：第一，共享关系通过威权或强制力形成，标的财务资源的品质和服务质量具有较高的保障，共享主体间的信任成本和不确定性程度较低。第二，共享主体间的信息对称性较高，它们之间容易就标的财务资源的置办、使用、维护等

---

① B2C（Business to Customer）是企业对消费者的电子商务模式。

事宜达成默契或共识，财务共享关系的建立和维护成本较低。第三，能减少甚至消除组织或集团内部的重复建设或投资，提高投资效率，形成竞争优势。

然而，B2C 型财务共享模式也存在固有局限，主要表现在：第一，由于缺乏共享中介服务平台，且共享资源专用性程度较高，其共享主体相对较少，共享范围比较狭窄。第二，共享的规模化效应较弱，规模经济和范围经济效应发挥欠充分。

（三）C2B2C 型财务共享模式

C2B2C[①] 型财务共享的基本原理是：财务资源的所有者将标的财务资源委托给共享平台进行托管和运营，由平台负责寻找资源需求者，并与其商定资源使用权让渡协议并付诸实施。

该财务共享模式存在两种可能性：其一，共享平台可能也是标的财务资源的需求者（共享主体）之一，即共享平台自身对标的财务资源也具有一定程度的使用需求。其二，标的财务资源的所有者可能成为（或本身就是）相关资源的职业供给者。换言之，标的财务资源并非所有者自身生产经营所需，而是其预见到该资源具有较大的市场需求而专门置办，此时，所有者持有标的财务资源的目的就是交易（使用权让渡）。

深入分析不难发现，C2B2C 型财务共享兼具 C2C 型财务共享和 B2C 型财务共享的部分特点，但又和它们具有显著的差异。C2B2C 型财务共享和 C2C 型财务共享的相同点在于都存在共享平台，且共享平台在财务资源供需对接过程中发挥着重要的中介作用。两者的不同点在于：在 C2C 型财务共享模式下，平台并非财务资源使用权让渡协议的缔约方，它仅扮演居间撮合人角色；而在 C2B2C 型财务共享模式下，平台是财务资源使用权让渡协议的实质缔约方，此间财务资源所有者和共享主体通常无须发生任何直接联系。C2B2C 型财务共享和 B2C 型财务共享的相同点在于共享主体（需求方）的交易对手（缔约方）均具有较高的权威性，但前者的权威性主要源于行政管辖权或股份控制权，而后者的权威性主要源自其专业服务水平及市场声誉。两者的不同点在于：B2C 型财务共享主要囿于组织或集团内部，其主要目的是提高组织或集团的资源配置效率和市场竞争力；而 C2B2C 型财务共享可以跨组织或跨集团开展，其目的在于盈利和价值增值，其提高的是社会资本的配置效率。

C2B2C 型财务共享模式的优越性主要表现在两个方面：第一，在该模式下，供给方仅需置办并提供财务资源，有关该财务资源后续的管理、维护、使用权让渡等职责均由共享

---

① C2B2C（Customer to Business to Customer）是指消费者到企业再到消费者，是互联网经济的新型商业模式。

平台负责完成，这样较好地发挥了资源所有者和共享平台各自的比较优势，属于财务共享的深度分工模式。第二，在该模式下，虽然共享平台依然不具有标的财务资源的所有权，但其在使用权托管协议保障下，对标的财务资源拥有很强的管理权、控制权和共享决策权，这有助于充分发挥共享平台在资源配置方面所具有的专业优势。

（四）整合型财务共享模式

整合型财务共享是 C2C 型、B2C 型、C2B2C 型财务共享模式的组合，它是财务共享最常见的形态。在该模式下，财务资源的所有者既可以借助共享平台的中介服务将财务资源的全部或部分使用权直接让渡给资源需求者（类似于 C2C 型财务共享），也可以在满足自身实际需求的同时，基于行政权或股份控制权给其他需求者让渡资源使用权（类似于 B2C 型财务共享），还可以通过使用权托管方式，全权委托共享平台去寻找和匹配共享主体，并开展使用权让渡缔约安排，而自己则退居为"甩手掌柜"（类似于 C2B2C 型财务共享）。

在整合型财务共享模式中，所有者既可能是标的财务资源的部分使用者，即共享主体之一，也可能是标的财务资产的职业持有人，即单纯意义上的资产持有者（持有但不自用）。共享的财务资源既可能是所有者既有的，也可能是所有者为开展共享交易而专门置办的。由此观之，在整合型财务共享模式下，不同类型的资源所有者以及不同类型的财务资源均存在与自身环境条件相匹配的财务共享之具体实现方式。正因如此，整合型财务共享代表了财务共享最常见的形态，站在整合型财务共享情景下看，前述的 C2C 型、B2C 型、C2B2C 型财务共享都只不过是整合型财务共享的特例。

第四节　财务共享服务的价值分析

一、有助于提高财务工作效率

财务共享服务通过集中规模把复杂的工作变得更简单、更标准、分工更细，使工作效率进一步提高。通过专业化分工，能够提高企业管理水平，容易使具体人员对所从事工作有较准确的认识，有专才能精，这样便于提高会计人员的专业技术水平，提高会计核算能力，减少企业集团内部各地区与总部沟通时间，提高工作效率。财务共享服务中心建立后，信息提供者和使用者均在一个部门、地区，要比跨地区、跨部门沟通方便许多，节省下来的时间可以从事其他更有意义的工作，工作效率无疑得到很大的提高。传统的分散财务管理模式下很多公司的会计科目表多种多样，几乎每个地区有一张表，尤其是二级明细科目设置不规范。由于各个地区对费用属性判断不一，使用的会计科目也缺乏一致性。集中规模处理后，财务共享服务中心统一使用经整合的会计科目表，任何科目删减增加都必须经过审批，会计科目不仅得到了有效的控制，同时也规范了科目的使用，保证了会计报表内容的一致性和可比性。

二、有助于降低企业成本

成本降低的基本原理就是规模经济，在业务量不增加的情况下人员要减少或者业务规模增加的同时人员可以有少量的增加或者不增加。财务共享服务可以增加重组、兼并和分拆的灵活性，在不增加支持人员的条件下适应公司发展。财务共享服务给组织增加了新事业单元和消化兼并、迅速扩展的灵活性，并使业务单元专注于核心业务和追逐新机会。共享服务中心集中处理各国家或各地区的部分财务和业务流程，规模效应由此产生，分配到每一项作业的时间就会减少。业务操作得到标准化和简化，对人员的学历、技能等要求会有所降低，在很大程度上降低了运作成本。一直以来，削减成本都是财务部门持续关注的问题，是财务的本性，而财务共享服务的新模式给成本管理提供了新的空间和支持，财务共享服务中心可以满足管理层希望在业务规模增加的同时，人员可以有少量的增加或者不增加的要求。财务共享管理模式使企业更加具备了规模扩张的潜力。

共享服务的管理模式有其适用的独特的组织结构，它将核心业务部门与非核心职能部门剥离，并将非核心职能部门整合导出到一个独立的业务单元，这样独立的业务单元以向内部客户提供专业化服务为目的。如此一来，原来分散在企业集团内部各自为政的组织架构被打破，从而建立统一的标准化的运营保障平台，组织结构得以扁平化，决策的贯彻与执行都更畅通，运营效率更高；人员与机构也得到重组和精简，运营成本更低。由于流程的标准化、流水线化以及操作的电子化和自动化，随着业务规模越来越大，规模经济效应也就越被凸显出来，单位固定成本越低，营运效率也就越高。集团内部资源共享，包括有形的和无形的，有形资源的分享大大提高了资源的利用率，无形资源如成功经验等得以成功复制。此外，集团内的协同协作使得效率提高，更提升了在诸多方面的谈判实力，可降低产品、服务的采购成本和资金利用的成本。

三、有助于优化企业流程并获得战略优势

如果没有流程再造和优化，共享服务只是一种空洞的概念和时尚。财务共享服务中心主要是通过集中提供标准化和流程化的专业服务体现其价值的，但是它的优越性不仅依靠

它新颖的组织结构和管理模式，其内在的潜力存在于它对流程的分析、选择和优化。

　　财务共享服务在实现规模经济效应之外，也创造了战略价值。从内部客户与供应商的关系中获取的信息可以启发和发展出关于产品和服务的新点子、新想法，更不断激发与新技术、新流程、新思路相结合的实践活动，推进了健康的、活跃的管理理念和行为的变革，从而推动整个企业集团运营效率的提高。共享服务也为企业集团增加新的业务部门、并购和扩张提供了机构的灵活性，使得完成这些进程变得更为顺利和快速。企业在进行业务扩张的时候不再需要建立相关的业务支持部门，可以直接利用财务共享服务中心提供的已经成熟的业务支持服务。这样，新的业务单元或子公司就可以在集团内更快地运作起来，使得扩张过程时间更短、成本更低、效率更高。

四、有助于强化企业的管控

　　随着企业集团规模的扩大，分散在全球不同国家的子公司财务组织是相对独立的。由于不同子公司财务及会计流程、业务处理规范、企业资源计划系统的差异性，给集团总部汇总和监管各子公司的财务状况和经营成果带来了困难。在财务共享服务模式下，服务中心通过制定统一的财务核算标准和业务流程，使用统一的企业资源计划系统，实时生成各子公司的财务信息，并通过网络为各子公司和集团总部的管理者监控提供支持。实施财务共享服务后，财务人员和业务人员可能的联络被彻底切断，基于流程和业务分工的财务作业模式使单据随机分配到每个业务处理人员手中。业务人员面对的不再是固定的财务人员，而是独立的财务共享服务中心，为了激励共享中心人员的工作积极性，帮助他们提升职业发展，会计人员实行轮岗制，由此串通舞弊的可能性大大降低。此外，所有的业务处理对集团彻底透明，任何一笔业务均可以通过财务共享服务中心进行查阅，这为查错、防舞弊提供了有力的支持。

第三章
财务共享下的财务会计工作优化

第一节 财务共享下的财务管理转型

随着信息技术的高速发展，信息技术给人类的生产生活方式带来巨大变革。在信息化时代，越来越多的集团借助财务共享模式使集团的财务管理工作实现高效管理，有效提高了集团的管理水平。但是当前大部分集团的财务共享中心仅能实现对核算、结算等简单工作的管理，无法实现对管理会计工作的支持，不利于提高集团的财务管理价值。因此在当前时代要认识到财务共享中心建设的具体要求，促使财务共享服务实现由核算会计体系向管理会计体系的转型，进而为集团的管理工作提供有价值的支持，提高集团的管理效率。

一、什么是财务管理

财务管理是企业组织财务活动、处理财务关系的一项经济管理工作。企业财务管理是公司管理的一个重要组成部分，是社会经济发展到一定阶段的产物 [1]。

财务按照财务活动的不同层面可以分为三大领域：①宏观领域中通过政府财政和金融市场进行的现金资源的配置。现金资源的财政配置属于财政学的范畴，现金资源的市场配置通过金融市场和金融中介来完成。②中观层面上的现金资源再配置，表现为现金资源的所有者的投资行为，属于投资学的范畴。投资学研究投资目的、投资工具、投资对象、投资策略等问题，投资机构为投资者提供投资分析、投资咨询、投资组合、代理投资等服务。③微观层面上的企业筹集、配置、运用现金资源开展营利性的经济活动，为企业创造价值并对创造的价值进行合理分配，形成企业的财务管理活动。

财务管理是基于企业生产经营过程中客观存在的财务活动和财务关系而产生的，它是

---

① 李燕，张永刚. 企业财务管理 [M]. 南京：东南大学出版社，2017.

利用价值形式对企业生产经营过程进行的管理，是企业组织财务活动、处理财务关系的一项综合性的经济管理工作。财务管理工作内容复杂，只要有资金运动，就必然涉及财务管理的范畴。

企业财务管理集中于企业如何才能创造并保持价值，以达到既定的经营目标。企业的财务管理人员从资本市场为企业筹集资金，并把这些资金投入企业决定经营的项目中，变成企业的实物资产。通过有效的生产和经营，企业获得净现金流入量，并把其中一部分作为投资回报分给股东和债权人，而另一部分留给企业用于再投资，同时企业还要完成为国家缴纳税款的义务。资金在金融市场和企业之间的转换和流动正是财务管理所起的作用。在高度不确定的市场环境中，财务管理已成为现代企业经营管理的核心，关系到企业的生存和发展。财务管理人员只有把企业的筹资、投资和收益分配等决策做好，企业才能实现资产增值的最大化，才能有较强的生存和发展潜能。否则，企业将陷入财务困境，甚至有破产的风险。

二、财务共享中财务管理存在的问题

第一，组织架构还以核算会计为主。当前大部分财务共享中心的组织架构中并没有包含业务财务和战略财务，主要人员还是共享财务，负责开展会计核算、出具报表、结算等方面的工作，虽然实现对核算会计工作的统一管理，但是因为缺乏对业务、战略的支持，容易导致财务共享中心管理效果大打折扣。

第二，不注重会计人员配置。很多集团仅将财务共享中心定义为集中核算中心，人员主要是建立财务共享中心之前各子公司的财务人员，缺乏战略以及业务方面的人员，管理会计人才匮乏，无法为集团财务分析、预算管理、资金管理等方面的管理会计工作提供支持。

第三，资金管理不完善。在管理会计的视角下，集团要借助预算管理体系对各子公司的资金开展管理，但是很多集团的财务共享中心仅能实现对资金的结算功能，并未实现对各子公司资金的监控与管理功能，导致集团管理工作效果大打折扣。

第四，信息系统应用存在一定不足。当前部分集团的信息系统建设存在一定的滞后性，例如部分集团的财务共享中心系统的数据接口没有完全和 ERP 系统等系统建立数据接口，财务共享中心无法及时获取各子公司供产销环节的数据。

第五，内部控制不够完善。内部控制要求集团各子公司按照内控制度，及时与集团进行信息沟通。但是很多集团与子公司的信息沟通不足，由于缺乏沟通无法及时传达管理要求，同时部分集团不重视监督机制，没有针对各子公司的工作情况开展有效监督。

三、财务共享下财务管理转型的建议

（一）组织架构转为管理会计模式

第一，完善财务组织体系的设置。在财务共享下要实现管理会计工作的转型，要转变传统企业以财务会计为主的弊端，建立共享财务、业务财务、战略财务并驾齐驱的管理体系。财务人员能从以往的服务端转向业务端和战略端，为集团整体的战略工作奠定基础。其中战略财务要统筹集团全局，站在集团整体的视角分析集团各子公司的工作，并作出整体的决策，为集团的工作提供支持。业务财务要负责与业务工作进行融合，主动参与到业务的各流程中，例如，采购、销售等流程，分析业务部门工作存在的问题，并对业务工作流程进行梳理，获取第一手的业务信息，减少财务与业务之间的摩擦，进入业务的一线推进各项业务工作有序实施。共享财务负责对集团内各项数据进行处理和加工。

第二，明确财务共享中心组织架构的转型方案。财务共享中心的组织架构转型要重视人员工作流程的优化。为了确保集团的财务共享中心管理会计建设具有严肃性，应该由集团总经理统筹领导管理流程的建设，并且在财务总监下设共享财务部、业务财务部、战略财务部三个部门，对其工作流程进行进一步划分。对于共享财务部负责开展集团的预算管理、资金核算、报表出具、信息披露等工作。集团的战略财务部负责研究集团的战略规划与发展方向，为集团开展政策研究、供应链金融研究等工作，并为集团的重大投融资等战略事项提供支持。业务财务部负责参与到业务工作中，开展供应链管理、成本管理、产品决策等方面的工作。

（二）注重管理会计人才及结构优化

第一，注重管理会计人才。在财务共享下财务管理工作要实现转型，要求财务共享中心重视管理会计人才。财务共享中心转向管理会计，要求对人员结构进行优化，不仅要具有核算人员，更需要有熟知业财融合、资金管理、预算管理等方面的人员。但是大部分集团建立财务共享中心之初，招聘的人员主要是各子公司财务人员。传统模式下子公司财务人员仅能够开展核算会计工作，不了解管理会计工作的要求。因此集团要认识到重视管理会计人才的意义，可以从外部引进具有财务共享中心工作经验的管理会计人才开展各项工作，也可以在集团内部培养管理会计方面优秀的人才。

第二，注重对人员结构的优化。财务共享中心作为大型数据集成中心，在信息技术高速发展的背景下，未来越来越多的核算工作会被信息系统所取代，财务共享中心要实现可持续发展，就要重视人员结构，适当减少基础核算人员数量，提高管理会计人员数量，重视财务分析、预算管理等方面人员，并针对管理会计人员加强培训，为集团工作的开展提供支持。

（三）提供资金管理支持

1. 制定合理的资金管理标准

资金是集团发展的血液，在财务共享模式下的财务转型，要让人员由传统仅负责核算转为对各子公司的资金进行控制，只有确保子公司的资金得到共享中心统一管理，才能有效提高财务共享中心的控制力，并优化财务共享中心的职能。首先，合理控制预算。集团在对各子公司进行管理时，要借助预算控制体系，对各子公司的资金情况进行分析，严格按照预算调配资金。集团在编制预算时要形成从上到下的目标分解方式，充分考虑集团各子公司资金需求，并在此基础上以自下而上的方式收集各子公司的预算草案，以保障预算更具有可执行性，提高集团的资金管理水平。其次，集团在对子公司的资金进行管理时，要按照以收定支的原则，各子公司的资金进各子公司的账户，不得由总部进行垫资。若子公司在资金使用中存在资金短缺，可以按照资金短缺的情况向总部的财务共享中心申请授信，总部根据子公司经营实际授信，并按照一定的利息向各子公司贷款，提高集团整体的资金管理水平。

2. 重视财务共享平台对资金管理工作的功能

资金集中管理之后，财务共享中心要通过资金池的方式整合各子公司资金，让有闲置资金的子公司将资金放入资金池，并由集团理财，能够有效节约集团整体的财务费用水平，提高闲置资金的收益。首先，集团财务共享中心要建成合理的理财规划，并且将资金池的资金放贷给有资金需求的子公司，对各子公司的资金进行集中管理，避免闲置资金无法产生效益以及部分子公司资金紧缺的问题。其次，集团总部要掌握各子公司的财务信息，结合财务共享平台开展预算编制、审批、执行、考核等环节工作，对资金的情况进行动态管理。

3. 集团要对各子公司的资金进行全面管理

为了加强集团对各子公司资金管理工作的效果，要提高管理流程的合理性。

首先，集团明确各部门人员资金审批权限，通过优化审批权限，能够加强集团对各子公司资金的管理水平，形成严肃的监督机制。集团在财务共享中心内部可以设置资金计划组和资金结算组两个小组，资金计划组负责了解子公司的资金收支情况，分析是否需要向子公司提供融资，并且负责集团整体的筹资，关注贷款品种及分析贷款利率。资金结算组负责包括在掌握总部划拨子公司资金情况的基础上，开展对资金的结算工作，并针对资金流动情况进行记录，与各子公司的人员开展沟通。集团财务部门的财务负责人要对集团资金决策进行审批，分析集团整体的资金收支情况，并让会计人员编制月度资金收支计划，对资金进行审核，在权限内提出资金调拨的建议。

其次，合理批复资金收支预算。为了确保集团对各子公司的资金进行严格管理，要严格批复资金预算，从预算时间和内容两方面入手分析，在预算周期内对资金加强把关。集团总部在对预算管理时，要开展年度预算、半年度调整、月度平衡三项工作。年度预算是每年年末结合集团的发展规划、子公司资金使用计划对集团的管理目标进行分解的基础上，由各子公司将资金预算汇总至总部，总部根据预算进行分析及协调平衡，在此基础上编制集团总体的年度预算。预算调整是在每年第三季度，获取各子公司预算执行的情况，判断预算执行的进度，并针对各子公司经营的状况分析是否需要适当追加预算。月度平衡是在每月要对当月的收支情况进行监督，由集团分析预算是否控制在合理范围内。集团通过对各子公司资金方面的安排，能够提高对子公司资金管理的严肃性，确保子公司的各项费用支出都在集团的管控之下。

4. 集团要推行集权和分权相结合的管理制度

集团在发展过程中，为了使财务管理实现转型，要为各子公司提供更加高效的服务。在这一过程中要认识到集权和分权之间的关系。若集团总部过度集权，会导致子公司的积极性无法被调动；若过于分权，又无法体现集团的控制力。

首先，集团在资金控制时，要成立专门的资金管理小组，对于重大资金支出或超过规定资金限额使用资金时，子公司要将使用需求报集团的资金计划组进行审批，通过审批之后才能支出，以保障集团各子公司的资金按照规划使用。

其次，集团要建立统一结算中心。统一结算中心对各子公司资金支付情况进行实时监控，借助资金结算中心能够全面跟踪资金的使用情况，并建立更为高效与全面的资金监控体系，形成对资金风险的有效防范。

最后，集团要给予子公司适当的权限，让子公司有适当的资金自主权，由集团总部设置不同子公司的资金自主管理限额，各子公司在正常情况下每月可以在自身的预算额度内对资金进行使用。

(四) 不断优化信息系统

第一，充分利用信息技术为财务共享中心的各项工作提供支持。集团在财务共享下开展财务转型，要认识到信息系统的重要性，如果信息系统存在问题，各环节的工作将难以有序开展。首先，健全网银结算系统。集团借助网银结算系统，能够动态监控各子公司的资金收支情况，为集团的资金管理工作提供支持，并借助统一的集团体系为集团资金的集中管理提供技术条件。其次，建立具有特色的信息沟通平台。集团要将资金管理工作的要求落到实处，构建具有集团特色的信息交流平台，为集团的资金管理工作以及各项业务管理工作提供基础。例如集团可以借助 ERP 等系统对预算管理、业务管理等工作进行集成，借助 ERP 系统实现对集团各项工作的有效控制。

第二，配置良好的硬件设备。稳定的硬件设备是集团财务共享中心运行的基础，集团在管理会计的模式下要为集团各项工作的开展提供支持，如果信息平台存在不稳定性，那么将导致集团的各项工作难以有序运作。因此集团要提高基础硬件设施的建设，例如通过提高集团网银系统的稳定性和优化服务器中心的管理水平，实现与银行核心数据系统的对接，从而减少中间手工处理环节，提高集团的资金处理效率。

（五）积极完善共享中心内部控制

第一，优化信息沟通机制，拓宽信息共享渠道。为了让财务共享中心能够和集团各子公司实现高效信息沟通与交流，集团要拓宽信息共享渠道，借助内部报告的方式充分发挥数据集成的优势，为集团活动提供有价值的信息。财务共享中心在出具内部报告时，数据要在集团的不同部门之间进行流转，充分借助信息技术实现信息的共享，并借助内部报告的方式要求各部门的人员之间彼此配合，防范因沟通不足而产生的问题，从而提高内部信息管理工作的合理性。

第二，完善内部监督机制。首先，集团可以成立专门的自我评价部门。为了保障集团各项工作评价更加科学合理，集团要推动各项工作实现有效管理和控制，并针对集团的各项活动进行监督，通过内部审计的方式实现对各子公司工作的监督，确保各子公司按照内部控制工作要求开展管理。其次，重视对绩效的管控。财务共享中心要针对内部控制执行情况开展绩效考核，借助财务共享模式提高财务处理效率的同时，改进服务质量。在财务共享模式的基础上，通过内部评价机制确保各成员主动按照内部控制的要求开展工作。例如，在评价过程中要判断子公司数据提交及时性、子公司预算达成率等方面的因素，通过考核的方式确保各层级主体主动按照财务共享中心的要求开展工作。

总之，在信息技术时代下，互联网为财务共享中心的建设带来了极大便利，财务共享体系借助信息技术有效集成了财务工作，降低了财务管理成本。在未来集团要进一步提高财务共享中心的管理水平，就要通过财务共享中心的转型，帮助集团内部的各类资源实现整合管理，促使集团的财务工作实现优化和增值。

第二节　财务共享与会计信息质量提升

财务共享工作的实质在于将财务管理人员和财务管理流程进行重新梳理并锐意创新与改革。事实证明，财务共享这种方式是实现企业财务管理集中化的重要策略之一，能有效解决当前阶段企业财务管理工作中存在的人员重复和工作中的问题，真正地提高企业财务管理工作的效率和质量。在新的时代环境下，财务共享已经成为推动财务工作向数字化方向转变的重要手段，但是由于受到多种不良因素的影响，企业财务共享和会计信息质量提升方面仍然存在着一系列问题，因此企业会计信息管理质量的提升势在必行。相关人员在提高企业财务信息管理质量的过程中，也要致力于推动财务共享模式的深入发展，要制定科学有效的问题解决方案，确保财务会计信息质量能得到明显提升，为企业的长远发展服务。

一、会计信息质量及其要求

（一）会计信息质量的界定

会计信息质量是会计信息满足明确和隐含需要能力的特征总和，包括会计信息实用性和符合性的全部内涵。

会计信息质量的高低可以根据会计信息所具备的质量特征能否满足人们的需要及其满足的程度来衡量。

在当前我国市场经济体制不断深化改革的背景下，企业会计信息质量在企业持续发展中发挥着越来越重要的作用。"高质量的会计信息不仅对于企业加强内部管理、优化经营结构、提高经济效益具有重要意义，同时也有利于企业会计信息外部使用者加强对企业经营财务状况的了解，指导其做出正确的经济决策，从而维护市场经济运行的稳定。"[①]

（二）会计信息质量的要求

我国会计信息质量的要求主要包括可靠性、相关性、可理解性、可比性、实质重于形式、重要性、谨慎性和及时性等方面。

---

① 王华治. 提升企业会计信息质量的有效措施［J］. 今日财富（中国知识产权），2022（2）：79—81.

1. 可靠性要求

可靠性（客观性、真实性）要求企业应当以实际发生的交易或者事项为依据进行确认、计量和报告，如实反映符合确认和计量要求的各项会计要素及其他相关信息。保证会计信息真实可靠、内容完整。

会计信息要有用，必须以可靠为基础。如果财务报告所提供的会计信息是不可靠的，就会给投资者等使用者的决策产生误导甚至造成损失。为了贯彻可靠性要求，企业应当做到以下几点。

第一，以实际发生的交易或者事项为依据进行确认、计量，将符合会计要素定义及其确认条件的资产、负债、所有者权益、收入、费用和利润等如实反映在财务报表中，不得根据虚构的、没有发生的或者尚未发生的交易或者事项进行确认、计量和报告。

第二，在符合重要性和成本效益原则的前提下，保证会计信息的完整性，其中包括应当编报的报表及其附注内容等应当保持完整，不能随意遗漏或者减少应予披露的信息，与使用者决策相关的有用信息都应当充分披露。

第三，在财务报告中的会计信息应当是中立的、无偏向的。如果企业在财务报告中为了达到事先设定的结果或效果，通过选择或列示有关会计信息以影响决策和判断，这样的财务报告信息就不是中立的。

2. 相关性要求

相关性要求企业提供的会计信息应当与投资者等财务报告使用者的经济决策需要相关，一项信息是否具有相关性取决于预测价值和反馈价值。

第一，预测价值。如果一项信息能帮助决策者对过去、现在和未来事项的可能结果进行预测，则该项信息具有预测价值。决策者可根据预测的结果，做出其认为的最佳选择。因此，预测价值是构成相关性的重要因素，具有影响决策者决策的作用。

第二，反馈价值。一项信息如果能有助于决策者验证或修正过去的决策和实施方案，即具有反馈价值。把过去决策所产生的实际结果反馈给决策者，使其与当初的预期结果相比较，验证过去的决策是否正确，总结经验以防止今后再犯同样的错误。反馈价值有助于未来决策。

会计信息质量的相关性要求，需要企业在确认、计量和报告会计信息的过程中，充分考虑使用者的决策模式和信息需要。但是，相关性是以可靠性为基础的，两者之间并不矛盾，不应将两者对立起来。也就是说，会计信息在可靠性的前提下，要尽可能地做到相关性，以满足投资者等财务报告使用者的决策需要。

3. 可理解性要求

可理解性（清晰性）要求企业提供的会计信息应当清晰明了，便于投资者等财务报告使用者理解和使用。

企业编制财务报告、提供会计信息的目的在于使用，而要使使用者有效使用会计信息，应当能让其了解会计信息的内涵，弄懂会计信息的内容，这就要求财务报告所提供的会计信息应当清晰明了，易于理解。只有这样，才能提高会计信息的有用性，实现财务报告的目标，满足向投资者等财务报告使用者提供决策有用信息的要求。

会计信息毕竟是一种专业性较强的信息产品，在强调会计信息的可理解性要求的同时，还应假定使用者具有一定的有关企业经营活动和会计方面的知识，并且愿意付出努力去研究这些信息。对于某些复杂的信息，如交易本身较为复杂或者会计处理较为复杂，但其对使用者的经济决策相关的，企业就应当在财务报告中予以充分披露。

4. 可比性要求

可比性要求企业提供的会计信息应当相互可比。这主要包括两层含义。

第一，同一企业不同时期可比。为了便于投资者等财务报告使用者了解企业财务状况、经营成果和现金流量的变化趋势，比较企业在不同时期的财务报告信息，全面、客观地评价过去、预测未来，从而做出决策。会计信息质量的可比性要求同一企业不同时期发生的相同或者相似的交易或者事项，应当采用一致的会计政策，不得随意变更。但是，满足会计信息可比性要求，并非表明企业不得变更会计政策，如果按照规定或者在会计政策变更后可以提供更可靠、更相关的会计信息，可以变更会计政策。有关会计政策变更的情况，应当在附注中予以说明。

第二，不同企业相同会计期间可比。为了便于投资者等财务报告使用者评价不同企业的财务状况、经营成果和现金流量及其变动情况，会计信息质量的可比性要求不同企业同一会计期间发生的相同或者相似的交易或者事项，应当采用规定的会计政策，确保会计信息口径一致、相互可比，以使不同企业按照一致的确认、计量和报告要求提供有关会计信息。

5. 实质重于形式要求

实质重于形式要求企业应当按照交易或者事项的经济实质进行会计确认、计量和报告，不仅仅以交易或者事项的法律形式为依据。

企业发生的交易或事项在多数情况下的经济实质和法律形式是一致的。但在有些情况下，会出现不一致。例如，以融资租赁方式租入的资产虽然从法律形式来讲企业并不拥有所有权，但是由于租赁合同中规定的租赁期相当长，接近于该资产的使用寿命；租赁期结束时承租企业有优先购买该资产的选择权；在租赁期内承租企业有权支配资产并从中受益等。因此，从其经济实质来看，企业能够控制融资租入资产所创造的未来经济利益，在会计确认、计量和报告上就应当将以融资租赁方式租入的资产视为企业的资产，列入企业的资产负债表。

又如，企业按照销售合同销售商品但又签订了售后回购协议，虽然从法律形式上实现了收入，但如果企业没有将商品所有权上的主要风险和报酬转移给购货方，没有满足收入确认的各项条件，即使签订了商品销售合同或者已将商品交付给购货方，也不应当确认销售收入。

6. 重要性要求

重要性要求企业提供的会计信息应当反映与企业财务状况、经营成果和现金流量有关的所有重要交易或者事项。

在实务中，如果会计信息的省略或者错报会影响投资者等财务报告使用者据此做出决策的，该信息就具有重要性。重要性的应用需要依赖职业判断，企业应当根据其所处环境和实际情况，从项目的性质和金额大小两方面加以判断。

例如，我国上市公司要求对外提供季度财务报告，考虑到季度财务报告披露的时间较短，从成本效益原则考虑，季度财务报告没有必要像年度财务报告那样披露详细的附注信息。因此，中期财务报告准则规定，公司季度财务报告附注应当以年初至本中期末为基础编制，披露自上年度资产负债表日之后发生的，有助于理解企业财务状况、经营成果和现金流量变化情况的重要交易或者事项。这种附注披露，体现了会计信息质量的重要性要求。

7. 谨慎性要求

谨慎性要求企业对交易或者事项进行会计确认、计量和报告应当保持应有的谨慎，不应高估资产或者收益、低估负债或者费用。

在市场经济环境下，企业的生产经营活动面临着许多风险和不确定性，如应收款项的可收回性、固定资产的使用寿命、无形资产的使用寿命、售出存货可能发生的退货或者返修等。会计信息质量的谨慎性要求，需要企业在面临不确定性因素的情况下做出职业判断时，应当保持应有的谨慎，充分估计到各种风险和损失，既不高估资产或者收益，也不低估负债或者费用。例如，要求企业对可能发生的资产减值损失计提资产减值准备、对售出商品可能发生的保修义务等确认预计负债等，体现了会计信息质量的谨慎性要求。

谨慎性的应用也不允许企业设置秘密准备，如果企业故意低估资产或者收益，或者故意高估负债或者费用，将不符合会计信息的可靠性和相关性要求，损害会计信息质量，扭曲企业实际的财务状况和经营成果，从而对使用者的决策产生误导，这是会计准则所不允许的。

8. 及时性要求

及时性要求企业对于已经发生的交易或者事项，应当及时进行确认、计量和报告，不得提前或者延后。

会计信息的价值在于帮助所有者或者其他利益相关者做出经济决策，具有时效性。即使是可靠、相关的会计信息，如果不及时提供，也会失去时效性，对于使用者的效用就大大降低，甚至不再具有实际意义。在会计确认、计量和报告过程中贯彻及时性，一是要求及时收集会计信息，即在经济交易或者事项发生后，及时收集整理各种原始单据或者凭证；二是要求及时处理会计信息，即按照会计准则的规定，及时对经济交易或者事项进行确认或者计量，并编制出财务报告；三是要求及时传递会计信息，即按照国家规定的有关时限，及时地将编制的财务报告传递给财务报告使用者，便于其及时使用和决策。

在实务中，为了及时提供会计信息，可能需要在有关交易或者事项的全部信息获得之前进行会计处理，如制造业企业的年度存货盘点工作往往会提前进行，这样就满足了会计信息的及时性要求，但可能会影响会计信息的可靠性；反之，如果企业等到与交易或者事项有关的全部信息获得之后再进行会计处理，这样的信息披露可能会由于时效性问题，对投资者等财务报告使用者决策的有用性将大大降低。这就需要在及时性和可靠性之间做相应权衡，以最好地满足投资者等财务报告使用者的经济决策需要为判断标准。

二、财务共享对企业会计信息质量的影响

（一）实现会计信息管理的可靠性

在财务共享的背景下，推动进行集中财务的管理有助于实现会计信息的可靠性。通过这样的方式，低附加值的财务工作可以由机器来完成，减少了人工成本，也能最大程度地提高工作的准确性和完整性，为工作质量的提升打下坚实基础。从当前阶段企业管理工作的实际情况来看，财务共享背景下的财务分析和财务预算预测都可以通过计算机来实现。但是从大部分财务工作来看，很多企业管理人员并未将财务共享应用到合理的地方，财务共享在企业管理工作中的作用体现也不够明显。他们忽视了在财务共享的环境下，需要更多高素质的专业人才。只有培养更多的高素质人才，才能充分利用现代信息技术和互联网

设备。由于专业人才不足，原本的数据汇总方式和财务统计方式无法发挥有效的作用，从而导致企业财务管理工作中产生了一系列的漏洞。

在提高企业会计信息管理有效性的过程中，相关财务人员必须强化个人的专业素质，要从根本上借助个人能力的提升和数据的精确性，确保公司的正常运转，并为企业的数据管理提供坚实的支撑。

在财务共享的背景下，越来越多的人开始关注财务管理工作效率的提升和质量的提高。而这种过于重视业绩的管理模式，使许多财务基础工作缺乏数据的支持，完全依赖于机器的汇总与分析。这就导致企业财务分析和战略风险的管控措施不够明确，企业财政风险较大，一些管理层无法根据当前阶段存在的问题做出科学有效的判断。由于决策缺乏可实施性，企业财务工作中存在着许多的漏洞，而这些都是企业财务管理人员或相关管理者过于依赖财务共享导致的。一直以来，会计信息的可靠性是实现企业常态化发展的保障，而当前阶段的财务共享工作已经形成了相应的体系，分别设有财务共享中心和财务管理部门等，在财务共享中发挥着如加工厂一样的作用。信息不够真实、准确，从短期来看没有较大的负面影响，但是从企业长远发展的角度来看，这会导致企业内部资金链破裂，企业内部财务管理方式缺乏有效性。

（二）会计信息的及时性体现不足

要想实现企业的有效管理，会计信息的及时性和可靠性是非常重要的。而当前阶段财务共享中心通常会把企业中的全部财务工作集中起来，这样集中完成的模式会导致规定时间内工作量较大，财务部门也无法和企业中的子公司或相应的分支机构进行有效的沟通与联系。由于缺乏联系，税收计划往往会产生许多的问题。一般而言，企业在财务管理工作中通常会有子公司或相应的分支机构经过相应的税收政策或财政补贴政策传达给企业财务管理人员。在这样的情况下，企业管理人员可以在满足优惠政策的情况下，申请相应的资金补贴。但是由于财务共享背景下人员分工不够明确以及会计信息缺乏及时性的问题，这就导致了一些公司并没有安排专业的财务人员进行财政活动，财政活动由其他岗位的员工兼职，这些人对企业财政信息的敏感度不足，由此导致了企业中的会计信息质量需要明显的提升。事实上，财务管理人员必须具有较高的财务管理水平，要对国家的宏观经济政策有明确的认识，同时了解企业的发展方向和企业财务预算，在对数据进行精确处理的过程中实现企业财务工作的顺利开展。此外，由于财务预算的灵活性不足，也会产生一些可靠且重要的信息被忽视的问题。

（三）内部审计风险导致会计信息模糊

在现代互联网技术高速发展的背景下，企业财务共享中心发挥着越来越重要的作用。事实证明，财务共享中心可以很大程度地提高企业财务工作的整体处理效率，也为企业财务工作的处理方式带来了创新性的依据，但是相应的企业内部控制审计工作并没有得到有效的贯彻落实。

内部审计工作是对企业内部财政工作进行监督的重要方式和企业管理中非常重要的内容。在财务共享的企业财务管理工作中，由于各个部门之间的协调性和灵活性不足，企业内部的管理工作产生了一系列的问题，这就使企业整体审计监督模式存在严重的漏洞。事实证明，这样的模式并不能满足企业内部人员的发展需求，也不能实现企业的常态化管理。因此，相关人员在推动财务共享模式深入发展的背景下，也要尽可能多地学习相关的财务知识，了解企业相关信息技术知识以及各种法律法规。只有这样，才能借助大数据并充分发挥计算机的作用，找到企业财务管理工作中存在的漏洞。在财务共享的背景下，完善相应的硬件设施和软件支撑，要通过数据的准确性来推动企业财务管理工作的灵活性发展，并在进行企业管理时，充分发挥财政的保障性作用，以准确的财务数据来推动企业的持续发展，减少企业中会计信息出现的模糊状态。

三、财务共享背景下会计信息质量的提升策略

（一）实现企业和财政部门的有效结合

财务共享背景下要想实现企业会计信息质量的提升，就要加强企业和财政部门之间的联系和沟通交流。企业需要在当前财务共享模式的基础上，对企业财务管理和财务审计的模式进行系统梳理，并找到其中存在的问题。在解决问题的过程中，将企业财务共享中心看作是一个与其他部门有紧密联系的部门，以其为中心向企业中的其他部门进行扩散，并发挥财务共享中心由点到线，由线到面的促进作用，推动财务管理工作以及业务流程的稳步发展，最终创设一个可以统一运行、具有明显推动作用的企业个性化会计管理模式。

在当前阶段，大部分企业已经实现了财务共享中心的稳步发展。一般而言，企业财务共享中心往往会把会计核算这一流程，归纳到财务共享服务的范围之内，在资金管理方面也利用财务信息管理系统进行合理的归纳与总结，通过这样的方式保证企业会计信息实现质量的提升，为企业的长远发展提供多样化的支撑。

（二）加强信息化时代财务人员的培训

在信息化时代，要想充分发挥财务共享的正向促进作用，企业的管理者和相关人员首先就要培育良好的财务人员，让财务人员在财务共享和财务管理工作中发挥更重要的作用，能真正地实现对企业内部财政工作的稳步推进。在财务共享的模式下，会计的职能与传统模式中的会计的职能有很大的不同，因此财务人员必须着力提高个人的专业素养，在专业能力方面有所精进。在企业财务决策和财务分析方面，财务人员的主体性作用十分明显，财务人员也可以有效地分辨财务信息的真实性和可靠性。为了让企业中的财务人员可以更好更快地适应财务共享的管理模式，并努力地提高企业财务管理质量，相关管理人员要推动信息化时代财务人员培训工作的稳步开展。

首先，企业要与财务管理人员相互沟通，结合企业财务共享模式实际建设过程中存在的问题，以及企业发展的基本特点，通过创建规范化的使用手册，让财务人员可以对企业中的经营模式和财务管理方案有深入的认识，强化所有人员的财务意识，并保证财务负责人员对财务中心的流程有深入的理解与体会，实现财务人员的全员参与。

其次，由于当前阶段财务管理工作中的人员和培养模式中存在着诸多的问题，大部分财务管理人员对信息化时代财务共享模式的应用方案理解和认识存在着不足，因此，企业为了让他们更好地适应财务工作，就要对其进行培养，使其发展成全方位的财务人员。企业内部管理者要通过多种方式提高财务管理人员工作的积极性，只有实现员工积极性和主动性的发挥，才能从根本上强化企业内部各个部门的财务意识，以准确有效的财务意识来推动企业内部财务管理工作的高效化，让财务管理工作更加合理有序。

最后，企业也要在整合财务相关资源和提高财务管理工作积极性方面发挥更重要的作用。除此之外，企业相关人员要对在共享财务中做出突出贡献的员工进行鼓励与表扬，鼓励表扬的标准可以是不确定的，但要时刻秉承"一事一议，一人一议"的原则，通过公司奖励或岗位晋升，将企业的人事工作和财务工作充分融合，从而实现企业内部财务管理工作制度和体系的完善，利用科学有效的方案，让企业能在财务管理水平不断提升的基础之上，提高各项管理能力。

（三）通过资金投入提高财务管理工作的质量

从当前阶段企业管理工作的实际效果来看，通过资金投入，能有效地提高企业财务管理工作的质量和效率，让更多的人参与到财务共享和企业财务管理工作之中，为企业的发展建言献策。提高资金投入有助于提升企业内部审核监督的有效性，创建更加科学合理的财务共享平台。众所周知，财务共享信息系统建设的周期是相对较长的，在建设的过程中也需要投入大量的人力、物力和财力，只有通过人员和技术的支撑，才能真正地实现财务共享工作的有效性。因此，相关人员要积极地推动财务共享工作中资金的投入，要通过有效的资金支持和设备支撑，为企业内部财务共享和财务管理分行的完善提供基础。同时，借助现代信息技术，提高企业内部财务管理人员的操作水平和基础能力，确保企业能达到较高的标准，以良好的财务管理方案和财务制度体系建设，推动企业的持续健康发展。

在财务共享工作中，硬件系统和相应软件设施的完善是提高操作技术的重要依据。除了要加强对人的培养，企业管理者也要始终以积极乐观的状态面对财务共享工作中存在的诸多问题，要合理把握企业财务共享的建设时机，在遵循稳步发展原则的基础之上，将企业的各项业务以及财务部门之间的融合做好做大。对于企业财务共享工作中存在的问题，企业管理者要鼓励建设人员积极发现、大胆创新，通过合理的解决措施，把握好企业财务共享模式的建设机遇，并让企业中的各个子公司实现相互作用以及资源共享，通过创建更加安全可靠的信息化平台，充分利用公司财务系统的正向促进作用。对于企业中产生的一些不符合规则和标准的财务管理方案，相应的人员要及时进行通报，对企业内部的数据进行规范化的整理与完善，并将各项工作落实到个人，实现企业内部财务管理责任制度的体系化和制度化，使管理层人员对财务数据有及时准确的了解，并制定相应的会计核算规范化守则以及业务流程规范化措施，有效保证财务共享背景下企业会计信息质量的提升，最终促进企业的长远发展。

总之，在我国经济发展和社会进步的时代背景下，现代信息技术和计算机在人们的生产和生活中得到了广泛的应用，越来越多的企业也在积极应用财务共享模式。事实证明，财务共享在推动企业会计信息管理质量提升方面发挥着重要作用，也是企业财务转型的关键。相关企业管理者要关注到提高企业管理质量和降低企业管理成本的重要意义。并在实践的过程中发现财务共享工作中存在的不足之处，通过大数据以及云计算等技术，使财务共享的功能得到最大化利用，解决传统企业财务管理工作中存在的诸多问题，以新的管理模式进行企业的工作创新，使财务管理为企业的长远发展打下坚实基础。

第三节　财务共享对财务数字化的推动

随着云计算、物联网、大数据等新兴技术的快速发展并融入国有企业的各行各业，以数字化、网络化和智能化为实践目标的企业转型升级征程已经开启，对于任何一家企业来说，财务共享数字化转型都是一个全新的征程，与新时代的思维和所做的工作有着本质区别。这要求企业管理者转变思维观念，多从财务管理的实际来理论财务行业数字化转型的重要性，企业财务共享应明确企业自身的方向和需求，先做"业务"顶层设计，着手构建业务架构、应用架构和数据架构，厘清业务与业务、业务内部与外部的"相关性"。国有企业财务共享中心不仅是财务核算的中心、资金管理的中心，还是企业财务数据中心。财务共享中心借助财务共享大数据的支持，所有的生产、经营情况的数据都可以通过系统获取，并及时、准确地反馈给集团的领导，使决策更加高效；口径一致的数据支持集团内同类企业进行信息的对比，可以及时发现经营管理中潜在的问题。本节以国有企业为例，探讨财务共享对财务数字化的推动。

一、财务管理数字化体系转型的背景分析

（一）一体化平台支撑数字化转型

如何实现国有企业财务数字化管理，这对国有企业提出了更高的要求，当前，随着国有企业经济规模的不断扩大，企业业务板块布局的调整和综合实力的展现不断增强，为此，国有企业对财务服务企业战略能力和价值创造力提出了更高要求。为构建这种业务财务一体化平台，使其为企业财务管理和核算服务提供支撑，需要使财务共享平台管理质量不断提升。

国有企业在推进财务共享过程中，应清醒地认识到当前经济发展面对的业务形态、商业模式及产业竞争环境，企业亟须转变传统管理思维，借鉴行业数字化的成功经验，通过吸收新的数字化方法论，降低转型升级过程面临的阻力及失败风险。当前，在数字化浪潮的背景下，国有企业原有的"金字塔结构"正慢慢被打破，形成"图钉型结构"。所谓"图钉型结构"，就是巨头企业带动整个产业向前走，底部则是大量的国有企业。国有企业要想在后疫情时代的新趋势下活得好、活得久，"数字化"或许是最现实的办法。不置可否，数字时代下，数字化转型早已不是选择，而是企业发展的必然。通过数字化转型实现合规、避险、降本增效，增强发展韧性，是国有企业实现可持续发展不可绕过的庞大课题。具体来说，企业可以形成灵活的组织形态，对细分市场或者细分消费群体形成专业经营，形成增长弹性，通过数字技术赋能组织，去除烦琐重复的工作，释放组织活力。

（二）财务共享加快数字化升级

当前，国有企业正倾心打造"互联网+"智能企业数字化转型发展新模式，筑就了以

财务共享来推动财务数字化为主业的生态集群发展格局，开启了产业转型升级新征程。作为财务共享平台，企业实现了财务信息共享、财务流程互通、财务智能融合和企业生态拓展的终极目标。在物资交易平台上，融合了线上线下业务，推动平台经济等新业态新模式创新发展。

当今世界，新一轮技术革命和产业变革呈现历史性交汇，5G、人工智能、大数据等信息技术突飞猛进，数字经济正在重塑经济形态、重写经济版图，数字红利、万物互联对企业价值、成本和商业模式正在产生颠覆性影响。面对数字产业的迅猛发展，国有企业要把推动数字经济和实体经济融合发展作为企业的立足之本。特别是面对财务共享对推动财务数字化这一实际，需要企业直面数字经济发展的浪潮，加快财务共享数字化转型的步伐，以此充分发挥大数据经济增长"倍增器"、发展方式"转换器"和产业升级"助推器"作用，紧跟时代发展，在新一轮科技产业革命中厚植优势、赢得先机。

（三）构建系统工程推动数字共享

为了实现产业集群化项目的快速推进，国有企业要积极投身于新技术研发、新产业壮大、新模式应用，要以强化科技创新为突破口，积极开展一系列创新"智能"的工作，这些都彰显了企业对实现数字共享的决心和信心。实践是检验真理的唯一途径，在实践中，我们看到有些国有企业已经树立了"规划引领、前瞻布局"的发展理念，大力实施数字转型战略，引入IBM咨询团队，对企业管理和IT现状进行高阶诊断，制定企业管控、工业互联网建设战略目标和实施路线，涵盖战略管控设计、智慧能源、智慧化工、智慧营销、IT规划等方面。因此，国有企业要以此为契机，运用财务共享推动财务数字化转型，要知道，数字化转型是一项系统性、重构性工程，必须结合企业实际，擘画数字化转型的发展蓝图。只有坚持世界眼光、国际标准、国企担当，围绕打造智慧企业，高标定位、系统谋划，改革才具有放大效应、叠加效应、倍增效应，使企业通过构建系统工程有效推动财务共享数字化转型。

助力国有企业数字化转型，企业级SaaS（软件运营服务）是关键。目前，伴随着SaaS渗透率及业财税一体化的普及，未来国有企业SaaS市场容量有望逼近千亿规模。业财税一体化已成为国有企业夯实核心竞争力不可或缺的"助推器"，其价值不容忽视。

因此，创新更多国有企业数字化场景和应用模式，将切实帮助国有企业解决业财税一体化难题，深化"经营+管理"的"一站式智慧成长服务模式"，真正帮助国有企业将数字化变成一种战斗力，为自身可持续发展构筑数智发展的"护城河"。打造业财税一体化解决方案，就需要帮助企业建立规范健全的经营管理体系，持续提升数字化能力。要在供应链管理、会员经营、财务管理、经营决策等多个维度获得领先优势，助力企业提升竞争力。当前，随着技术进一步发展，SaaS 软件需要与各行业应用进行深度融合，满足不同行业、不同场景的多样化需求，SaaS 生态在满足国有企业多样化需求的同时也提升了便捷性。当前企业已进入财务信息化、档案信息化阶段，国有企业应实现账户余额、明细实时查询、实时转账，以及电子回单获取等场景需求，简化操作、提升效率。同时，国有企业应打造开放、多样、共赢的生态圈，助力企业实现互联互通。基于 SaaS 生态的不断建设，国有企业数字化转型可以走出不一样的道路。

二、推动财务共享管理数字化的设计思路与实践

（一）以财务共享为基，重构重塑管理措施

企业实现财务共享，就应实施财务共享管理自动化、信息化、智能化"三化"融合发展规划，要以点带面、分步实施，运用财务共享数字化建设推动智能制造业的发展。在实践中，企业集团财务共享系统平台设计思路是推进企业财务管理数字转型，这就需要国有企业组建信息化管理委员会，管理委员会要设置专职 CIO（首席信息官），优化二、三级公司 IT 管理部门，形成自上而下的 IT 组织架构，统一推进集团大数据工程、企业互联网建设及企业标准制定。为了推进财务共享数字化转型，国有企业应认真贯彻国家发展数字经济的部署要求，积极推进 5G、人工智能、企业互联网、区块链等数字化技术与传统产业嫁接融合，加快推进产品创新数字化、生产运营智能化、产业体系生态化，实现企业运营机制、管理方式、风险管控重构重塑。

（二）提升数据传输，实现财务标准化

在实践中，国有企业要着眼于推动"一切业务数据化、一切数据业务化"，在企业集团，企业财务信息系统整合项目正式启动后，我们看到国有企业做到充分发挥财务共享标准化、智能化优势，就能够利用智能体系的对账机器人来推送各银行账户余额，完成月末资金核对，并准确高效地一键生成财务报表和分析报告，按时完成财务决算、财务报表和财务分析，保证了各项经济业务的正常流转和集团日常业务开展。在多笔资金审批和支付流程过程中，应经过"云办公"的远程操作，在财务共享平台上实现线上运行。

当前，工业互联网是企业实现财务共享数字化转型的核心，只有通过实现企业经济全要素、全产业链、全价值链的全面连接，才能够助推企业财务共享数字化升级、高质量发展。为此，国有企业在发展过程中应抓住国家支持企业互联网创新发展的战略机遇，积极

推进关键基础设施、新型应用模式和企业生态体系建设，实施财务共享数字化，着眼提升数据传输速度、实现信息安全可靠，以此打造一个智能化、标准化的财务共享平台。

(三) 做好顶层设计，实现智慧转型

在实践中，国有企业财务共享数据链体系已然得到大幅优化。笔者在对财务共享对推动财务数字化的理论分析调研过程中了解到，当前企业集团正利用财务共享数字化来助推新基建工程，实现集团与知名通信公司开展战略合作。国有企业只有运用财务共享平台的功能设计，才能够按照设计思路，结合企业的安全生产、运营管理、决策管控，使企业集成生产、经营、监测监控"三大数据"，将数字资源转化为管理资源、决策资源。为了科学系统地做好顶层设计，企业可以在实践中启动数字化转型专项规划编制工作。同时结合企业互联网和调度信息化建设需求，统一规划、分期实施，推动建立端到端的"两环加一链"骨干传输网络，建成行业内洲际信息通信网络，与分支机构实现互联互通，未来，不仅服务国有企业，还将为行业内其他企业提供服务。并通过签署战略合作协议，共同推进国有企业数字化转型、产业链协同发展。

(四) 融合创新发展，构建共享财务

近年来，国有企业财务系统紧紧围绕内涵式高质量发展目标，坚持价值引领，深化业财融合，通过打造"一体两翼"财务管理体系，不断提升财务的价值创造能力。特别是财务共享使财务管理实现了互联互通，极大提升财务业务处理效率，提高财务数据质量，为国有企业实现财务数字化转型、提升数据的价值创造力创造了良好条件。当前，国有企业应继续优化财务共享中心和资金管理系统，加快开发进度，提升运行效率，推动"一体两翼"财务管理体系稳健运行、高效运转，打造智慧、敏捷、系统、深入、前瞻的数智化财务管理体系，为建设具有全球竞争力的国有企业作出更大贡献。

当前，国有企业依托大数据和财务共享平台，开启网上办公模式，鼓励青年员工居家线上办公，有事通过手机和企业钉钉平台联系，企业财务部还积极配合大数据中心开通VPN链接集团内网服务器，打通财务共享、SAP核算系统、大数据分析平台等系统的无缝联网，实现员工居家即可开展业务。国有企业还通过平台、电话、微信、QQ、电子邮件等形式保持畅通的沟通渠道，即时监控工作进度，及时解决相关业务处理中出现的问题。实际上财务共享就是财务的工业化革命，财务共享数字化实现的就是全集团公司资金工程的建立，或者是资金支付工程的建立。

三、实现财务数字化转型发展新模式的理论依据

（一）新兴数字技术引领财务共享提升

随着企业规模不断扩大，业务种类日趋丰富，以及分子公司越来越多，企业管理正变得越来越复杂，面临的问题也越来越多。与此同时，新兴数字化技术及理念的快速融入，也在不同层面驱动着企业业务模式及组织架构变革。在此背景下，如何将数字化应用于企业管理实践，以适应智能时代的发展需求，已经成为当下企业在新一轮产业竞争中制胜的关键。

如何使企业实现数据价值，有两个维度：一是经济价值，实际上传统企业在获取经济价值方面做得非常好。二是创新价值。从企业经济价值的角度看，因为财务有得天独厚的天赋和优势，未来财务共享中心一定会变革为企业的数据中心，或者叫作数据运营中心，所以未来虚拟化的财务共享中心，或者智能化共享中心，更多的是财务核算的某个端到端。企业大数据—财务共享中心正式挂牌运营后，大数据共享为"四富"（党建领富、发展创富、改革促富、惠民共富）企业建设释放巨额红利，国有企业将驶入以创新创造为资源禀赋、以大数据共享引领高质量发展的"快车道"，永续"四富"企业基业长青的不竭动能。企业实现财务共享数字化管理，使企业规模效率得到双提升。

（二）大数据助能转换拓展财管空间

大数据为企业财务共享实现新旧动能转换注入强劲动力，国有企业借助财务共享数字化在所在行业率先开展新旧动能转换，以"工业3.0+"改造升级10大类26个项目为依托，推动传统动能脱胎换骨、迸发活力，代表企业领先性、革命性、颠覆性的新动能、新趋势、新亮点不断涌现，实现了"老树发新枝"；以财务、人力资源、设备管理、安全生产和党建"五大共享平台"建设为载体，推动新兴动能加速崛起、扩容倍增，"云上企业"初具雏形，由"人治"向"云管理"的重大转变，促进了"老鹰长新翅"。大数据共享为转型升级发展提供产业助力，企业必须牢固树立共享理念、平台意识和产业思维，由做专业上升到做产业，站在产业的高度看产业，实现产业竞争力和附加值双提升，培育具有企业特色的"云服务管理、大数据支撑、互联网共享"生态圈，催生卖管理、卖模式、卖服务的产业运作新业态、新名片、新引擎，为产业升级、转型发展引领新方向、开辟新路径、拓展新空间。

（三）　互联技术与产业融合助推高质量发展

国有企业应当依托成熟的经验及解决方案，产业发展之间的差距是国有企业财务共享急需解决的矛盾之一，实现产业融合发展，是实现国有企业高质量发展的内在要求。国有企业应通过构建企业的流转市场，推动财务共享全面联网，加快产业生产要素的流通和融合。这为以财务数字化助力产业融合发展提供了清晰思路。产权纽带的缺失制约了国有企业产业融合的长效发展。产业融合发展不是单纯的资源的单向输出，而是产业利益共享的"双向奔赴"，其过程须同时满足企业发展的利益需求，形成基于产权的利益共享机制。这就意味着在互联技术与产业融合过程中，需要多元利益主体参与，构建财务共享的综合电子商务平台，从"产权链"和"供应链"双管齐下，共同发力，强化产权纽带，建立覆盖供销全产业链的利益联结体，形成产业融合的可持续发展机制。笔者认为，财务数字化为产业融合搭建了利益联结平台。数字化技术变革带来企业商业模式创新，破解产业信息不对称困境。企业通过全生命周期、全场景、泛在化的数字金融服务形态，让企业实时获取微观层面的产业资金需求，强化企业的信息沟通。

（四）　财务共享应实现数字化真正落地

如何构建大数据体系，实现财务管理数字化转型，需要企业在数字化转型过程中，不能过度依赖软件商和咨询服务机构。因为随着企业数字化转型的深入，特别是智能工厂的实施推进，每家企业的业务现状和需求都不一样，可谓千人千面。作为企业，他们没有办法从技术的角度看待业务需求，作为软件商和咨询服务机构，他们同样很难从业务需求的层面去深挖技术，这很容易致双方在理解上出现偏差。因此，实现财务共享数字化管理，就需要企业软件管理人员深入企业，现场了解企业业务需求，并为此投入相应的人力、技术和资源，只有让技术人员更懂业务，业务人员理解技术需求，才可能让企业数字化向更深层次发展。如果企业不能就这一问题达成共识，那么就不可能建成满足企业需求的智能系统，只有业务与技术达成一致，财务共享数字化应用才能实现真正的落地。因此，企业要在数字化之路上行稳致远，就需要在更大范围内让业务与技术达成一致，最重要的就是让技术人员更懂业务，业务人员能理解技术。这就像当下企业关注 IT 与 OT 融合一样，只有让 IT 人员更懂生产业务场景，才可能推动 IT 管理业务与 OT 生产业务的对接，为未来的智能工厂实施打下基础。这依赖 IT 厂商能理解不同行业的 OT 业务需求，并通过技术手段简化工业系统的构建实施。

四、企业实现财务共享数字化的成果分析

（一）数据结构化让数字真正产生价值

企业运用财务共享来推动财务共享数字化，就需要对财务共享进行深入理解，要实现财务共享数字化管理从"毛坯房"向"精装房"迈进。比如现在市面上软件技术厂商提供的大多是"毛坯房"，你要使用必须进行"精装修"。这就意味着企业需要对业务架构、内外关系以及业务间的相关性进行重新梳理，使数据结构化，让数字真正产生价值，如此才能为企业赋能。因此，企业要及时总结不同场景的需求特点，比如零售企业的应收账款、基础设施企业应收账款、大宗贸易应收账款的属性、特征、差异，然后通过技术把这些行业知识以数字化的形式储存起来，为将来造出"精装修"软件积累基础，能更深程度地为软件公司甚至其他相关行业企业进行数字化转型赋能。数字化转型就是要把数字化技术真正地应用于企业管理的实践中，指导企业朝智能化方向发展。

未来企业在价值管理、管理控制、财务基础等方面，应与软件公司合作为契机，一方面通过技术与业务的深化融合助推数字化转型走向深水区，另一方面也将循着软件公司提出的建议，探索从"毛坯房"向"精装房"的软件产业发展新路径，借力提升企业数字化战斗力，为更广泛的行业数字化转型升级赋能。

（二）借助财务大数据支持为决策者提供依据

国有企业财务共享中心不仅是财务核算的中心、资金管理的中心，还是企业财务数据的中心。国有企业可以借助财务共享中心大数据的支持，通过系统获得所有的生产经营情况的数据，并及时、准确地反馈给集团的领导，使决策更加高效；口径一致的数据支持集团内同类企业进行信息的对比，可以及时发现经营管理中潜在的问题。同时，更为全面完整的数据能进一步支持业务财务和战略财务，助力企业开展管理会计体系深化建设。笔者在梳理财务职能过程中发现，实现财务共享，就需要企业在实现财务数字化过程中满足企业发展的需要。当前，随着企业快速发展，国有企业基层渠道的建设开始对财务部门有了更高的要求：管理更加精细化，财务要深入业务；人力跟不上扩张速度，财务人员素质要求更高；平台需要统一，数据需要集中，从而为决策者提供依据。

（三）运用财务共享创新财务制度管理

为了满足企业未来发展的需要，国有企业在实现财务共享的过程中，要将财务的某些

职能进行重新梳理和规划。传统财务有两大基本职能：监督职能和核算职能。而国有企业通过财务共享系统将财务重新划分为战略财务、业务财务和共享财务，并通过设计合理的财务服务组织架构、梳理优化财务流程、制定完善财务制度等环节逐步落实财务共享中心的建设，从而最大限度量化企业价值。国有企业还对财务内容进行了简单的分层。基础核算是作为集团的统一管理。业务财务重点是在于沟通和交流，通过财务部门和业务部门的沟通，从数字发现、数字改变到最终的数字验收，实现整体经营数字化管理，包括收入管理、分子公司的财务政策和制度的管理。战略财务主要是战略目标的控制和最后的评价，使得整个集团决策真正围绕价值创造进行相应的管理。

（四）提升财务保障效率解决财务风险问题

当前，企业财务共享项目的最大难度在于将部门与已有的报销流程、业务流程进行衔接，并在这一过程中实现创新，提升财务保障效率，解决财务风险问题。与建设传统 IT 项目不同，国有企业需要以开放的心态引进新的业务流程规划，让整体结算效率和企业整体效率更高，以此提高财务结算效率，为企业创造更多价值。因此，国有企业基于不同的业务性质，通过业务分析法、数据测算法、对标评测法等方式计算共享中心内需要的各岗位人数，进行人员外聘或者内部调整，从而满足编制。在业务流程设计方面，国有企业引进新的业务流程规划进行管理，通过业务流、影像流、实物流实现一体化管理。

综上所述，企业财务共享的"金矿"已被开采发掘，新兴动能正在发轫起势。企业想实现财务共享模式在企业的应用，就需要在对报账审批、资金结算、会计核算、票据档案、报表出具等环节中提升企业财务管理效率。企业要在决策层、管理层、专业操作层和业务层面实现包括自动生成会计凭证、进行会计计算等业务财务一体化。为了保持企业财务共享在未来的长效运营，国有企业要通过人员管理、服务管理、标准化管理、绩效管理、知识管理、质量管理等进行内部管控，保证财务共享中心的高效服务。国有企业财务共享整个系统功能涉及费用类报账、合同管理、采购类报账、应收报账、收款认领、资产管理、电子影像、共享中心任务等，只有通过财务共享，才可以全面提升财务效率，降低财务风险，减少处理成本。企业通过财务共享，将为企业各项业务的扩展提供强有力的支持。

第四节　基于财务共享的企业内部控制优化

客观来讲，财务共享模式的应用有利有弊，其有效实施离不开企业内部的协同配合，尤其要做好事前准备和事后管控，但因内部控制调整滞后，财务共享模式的应用还存在许多问题。财务共享服务模式下，企业财务流程和会计方法也发生了改变，关键风险控制点也不同于以往，这无疑给企业的内部控制提出了全新要求。因此，企业在引入财务共享模式后，需要对内部控制系统进行优化调整，以增进财务共享与内部控制的契合性，充分发挥各自优势作用，助推企业健康稳健发展，这也是本文研究的根本出发点与落脚点。

一、财务共享模式对内部控制的影响

（一）财务共享模式对内部控制的正面影响

第一，有利于优化内部控制方式。在引入财务共享模式前，企业一般采用单点或局域多点电算化实施会计核算，同时需要各级财务人员对录入信息进行全面核对，以确保其规范性、真实性。但在引入财务共享模式后，系统能够完成财务信息的一次录入及动态更新，并借此带动了内部控制业务流程的系统优化，使得以往相对分散的内控环节被整合到同一平台上，并在授权审批机制的作用下，有效降低了内部控制的人工成本。

第二，有利于强化内控全面性。对组织成员进行行为约束和监管是传统内控的核心工作，可以有效避免财务数据出现失真、差错。但在引入财务共享模式后，电子文件全面取代纸质材料，虽然有效提高了内控工作效率，但同样也带来了数据泄露、篡改等安全问题，稍有不慎就会对企业内控工作产生负面影响。所以，企业在财务共享模式下，除了要做好常规的组织成员监管约束外，还要加强内控系统的安全维护，全面消除潜在风险。

第三，有利于完善内控沟通机制。传统财务信息存在相对复杂的场地方式，人工操作环节过多，极大地提高了内控信息传递的风险。企业在引入财务共享模式后，可以对业务数据和资料进行实时的共享上传，经过后台人员严格审核后，将其传递给相关部门进行查阅、参考，不仅有效提高了财务数据内部传递效率，而且完善了内部信息沟通机制，有利于解决客户、企业、供应商之间的信息不对称问题。

（二）财务共享模式对内部控制的负面影响

除了正面影响外，财务共享模式的应用对企业内部控制还产生了一定的负面影响，并集中体现在以下三个方面。

1. 使得内控环境复杂化

财务共享模式的引入，需要相应的组织架构进行变动支撑，其作为具有统筹性质的新部门，必然会对原有的组织架构、利益关系造成冲击，如果不进行责权重划和利益明确，很容易引发职能重叠、相互推诿等问题，最终降低内部控制效能。通常来讲，财务共享中心会负责更为高阶的职能工作，其他财会人员则更多的是处理相对基础的成本与收入核算工作，不但面临着较大的工作量，且十分枯燥乏味，久而久之很容易挫伤相关人员的工作积极性，进而加大离职率，最终使得企业内部控制环境变得更加复杂。

2. 改变了内部控制重点

财务共享是具有较强集成性、数字化的财务运行机制，信息传递媒介以电子文件为主，这就由此衍生了内部控制信息生成与传播的安全风险问题，所以在基于财务共享的内部控制实施中，除了常规的职能工作外，还要对内部控制系统进行动态监控，这就使内部控制重点发生了转移，并由此带来了许多衍生问题。

3. 加大了技术安全风险

财务共享是技术含量较高的管理模式，其有效运行的重要前提就是信息系统的常态运行，各个信息系统可以支撑企业财务核算管理、资金管理、供应商管理等职能实施。但若是企业过度依赖信息技术，财务信息就会因系统出现故障或运行不稳等原因，出现信息传递错误和沟通低效的问题，也就是说，基于财务共享的内部控制面临着较大的技术安全风险。

二、基于财务共享的企业内部控制存在的问题

受组织结构、思想认知、体制建设等因素的影响，基于财务共享的企业内部控制还存在许多问题，并集中体现在以下几方面。

(一) 内部环境欠缺

许多企业在引入财务共享模式后，尽管在组织结构、人员配置上进行了相应调整，但也基本只负责较为基础的财务数据录入、存储工作，财务共享中心与内部各部门的关联性较弱。以 A 集团来讲，其下设子公司有着各自的业务重点，若是财务共享中心的人员无法全面掌握各自的业务特点，就无法保证会计信息的真实性、可靠性，最终会提高内控工作的推进难度。尽管当前内部控制工作主要由财务部门负责，但内控工作具有较强的系统性，需要财务部门在全面了解企业业务实际的前提下，与其他部门协作配合才能达成预期效果。但由于 A 集团缺乏相应的宣传教育机制，使得企业上下对共享中心与内部控制的逻辑认知不到位，在现实推进中缺乏足够的环境支持，导致相关建设工作流于表层。

（二）风险评估不到位

风险评估不到位的问题集中体现在两方面：一方面是风险评估针对性不强，尽管当前 A 集团配置了专员进行内控评价和风险防控，但缺乏与财务共享中心的协作配合，相关风险点也是简单地将财务共享中心纳入其中，并非深入分析以往内控风险点是否出现改变、是否存在新增风险点等。另一方面是风险防控机制建设存在滞后性。客观来讲，当前 A 集团并未依据业务变化及时对所评估的风险防控点进行变更，也没有对内部控制防控措施进行优化调整，违规处罚机制形同虚设，在具体内控风险防控中无法进行有效的主体考核，加大了内控工作的纠正难度和处罚难度。

此外，尽管当前 A 集团风险评估有概括性描述，但却缺乏流程性的详细解读，导致风险评估工作的规范性、有序性有所欠缺。风险评估报告大多是对某一个时点的简单反映，并未进行动态跟踪和持续优化，再加上管理者对风险评估重视度不够，极大降低了风险评估与应对的实际效力。需要指出的是，财务核算工作上收至财务共享，无须对接税务，加上地域差异导致税收政策差异，财务共享和税务的脱节容易引发税收风险或造成税收机会成本损失。税收的核算上收至财务共享，增加税务人员与财务共享的沟通成本，增加申请税收优惠政策阻碍。

（三）信息安全建设滞后

A 集团财务共享中心负责收集处理所有分、子公司的部分财务信息，具有较强的集中性和机密性，对信息安全管理提出较高要求，也成了企业内部控制的重点。但客观来讲，A 集团现行信息安全管理机制存在许多漏洞，如企业员工登录系统时输入的密码都是简单的数字串，且所有员工默认密码都是相同的数字，许多员工认为不会发生信息泄露而不主动修改密码，这就为不法分子侵入企业内部系统盗取信息创造了条件，带来了巨大的安全隐患。还有许多员工在财务共享中心工作时使用企业内网和内部电脑登录系统，但因许多工作流程复杂，正常工作时间无法完成的工作可以在下班后使用个人电脑进行外网登录，但并没有严格的安全管理机制确保员工个人电脑的安全性，一旦员工个人电脑被病毒入侵，企业共享中心整个系统就会受到安全威胁，很容易带来不必要的损失。此外，财务共享系统与业务系统数据互通、系统数据端口衔接不畅、系统升级造成数据丢失、数据错误等，以及会计期末结算时信息负载量过大、系统运行缓慢、服务器超负荷工作导致系统瘫痪、数据丢失、耗时过长等，都会诱发信息安全风险。

三、基于财务共享的企业内部控制优化策略

在明确基于财务共享中心企业内部控制的基础上，企业管理者及相关主体要加强现状审视，针对实际存在的问题采取有效措施进行优化，以促进基于财务共享的企业内部控制整体转向，为实现企业稳健可持续发展提供重要保障。

（一）优化内控环境，深化业财融合

企业要站在宏观层面进行内控环境优化建设，通过宣传教育、内部交流、业财融合等手段，全面提升企业上下对财务共享和内部控制的价值认知，从思想层面为两者的深层整合提供有力支撑。

首先，企业要加强财务共享的知识普及。确保业务与财务有效融合的前提就是企业业务单位员工了解财务共享，财务共享中心要通过定期讲堂或线上教学的方式，向业务单位进行基础知识宣传教育，引导行业单位人员和员工全面掌握财务共享内涵价值，鼓励业务单位和企业员工积极参与业财融合的推进工作。

其次，企业要定期开展业财融合交流会。相关业务单位每次派出不同人员参与交流会，和财务共享中心的员工进行深入交流与探讨，及时提出相关问题，并由财务共享中心人员予以详细解答。或开通线上业财融合交流的公共邮箱，业务单位人员可将具体疑问实时发送到邮箱，然后财务共享中心进行汇总、处理与反馈。通过双向沟通解决业务层和财务层信息不对称的问题，消除彼此的知识盲点，为后续深入融合夯实基础。

最后，深化业财融合。在业财融合的实践推进中，管理者要重点识别管理层面的障碍点并予以消除，以打通业务层和财务层的整合壁垒，而这一目标的实现并非财务部单独能够达成的，需要在管理者的统筹引导下、各部门全面参与配合下才能实现。因此，企业要加强内部协调，成立专门统合部门的人才队伍，对业财融合进行统一的部署与执行，构建统一的工作流程和标准体系，对各部门的职责范围、义务关系进行明确划分，同时协调好相关利益主体的关系。

在此基础上，企业管理者要重点培养契合业财融合实际需要的复合型人才队伍，构建完善的内部培训体系，打造完善的沟通交流平台，采用岗位交流、驻派的方法，确保财务人员有效参与到具体的业务活动中，对业务流程、业务成本等进行深入了解，同时业务人员也要站在财务管理层面，主动了解财务活动的流程特点，为财务人员提供真实可靠的数据信息。

（二）强化风险意识，完善评估体系

在基于财务共享模式的企业内部控制优化实施中，要重点构建完善的风险评估体系，通过有效的风险管控提高优化效力，并在两者的深层整合中释放更多治理效能。

首先，强化风险防控意识。企业要采取有效的宣传手段和教育措施，在确保员工全面了解基于财务共享模式的内部控制内涵、价值、流程要点等基础上，强化员工风险防控意识，同时通过内控手册明确各自岗位责任，促使他们在具体的岗位工作中能够自主自觉地发现内控工作中存在的风险。

其次，构建完善的风险评估体系。企业要定期对内部控制风险进行系统性评估，通过定量与定性结合的方法解决风险评估形式化问题。具体来讲，企业要明确风险管理的目标，并通过目标细化构建符合自身实际的风险管理架构，以增强风险评估与应对的系统性。随后，企业要完善风险识别机制，就是通过人工+技术的方式动态监测和反馈内部控制风险，重点识别财务共享模式应用过程中产生的财务风险。

在此基础上，企业还要加强风险分析与应对，深入挖掘财务共享模式应用背后隐藏的风险，通过风险排序和细化，将识别出来的风险进行低、中、高定级，然后重点应对高级别的内部控制风险。需要指出的是，企业管理者要充分认识到风险评估与应对属于动态化、持续化的工作，随着企业生产经营的不断扩张及复杂演进，动态化风险评估对企业内部控制的优化提升具有非常重要的促进作用，所以企业要在内部打造属于自己的风险数据库，做好财务数据的采集与整理工作，夯实财务风险防控的数据基础。因内部控制风险时刻处于变动状态，所以需要企业全员动态参与其中，及时掌握具体的变化情况，同时还要构建相应的内控保障机制，确保能够及时有效、精准快速地传递相关信息，增强风险管控实效性，以及财务信息管理透明度。

（三）加强信息安全建设，规避系统运行风险

企业财务共享中心是数据高度集中化的存在，必须要将信息安全建设置于首位，防范病毒攻击、账号盗用等问题，切实规避系统运行风险。

首先，加强账号安全管理。要加强财务共享中心员工的系统登录密码管理，优化密码防护系统，强制要求员工将默认登录密码更改为等级较高的密码，若不更改就无权登录系统。具体来讲，就是要求员工将简单的默认密码更改为"字母+数字+符号"的混合密码，提高安全等级和破解难度。另外，若是员工通过个人电脑登录系统时，必须对登录人员的个人信息、登录 IP 等实施验证，确保身份安全后才能允许其登录系统。同时，员工账号

需要与个人手机号进行绑定，一旦账号出现异常登录就要及时发出提醒。此外，考虑到部分员工信息安全意识淡薄，企业要设置信息安全监督专员，专门负责员工信息安全培训和指导工作，督促员工做好信息安全风险防范，从源头上消除信息安全风险，并做好系统运行状态的动态监督。

其次，提高断电保护力度。企业系统的常态化运营离不开供电系统的稳定运行，特别是在会计期末，系统稳定运行是对会计工作进度的关键支持。企业后勤部门要提高断电保护力度，制定完善的断电应急措施，如配备发电机，在发生断电时要进行无缝对接，确保系统不会因断电而停运。或为企业系统增设实时保存工作进度的功能，就算出现断电也不会发生数据丢失的问题。

综上所述，基于财务共享模式的企业内部控制优化有着较强的现实必要性和重要性，企业管理者要立足实际，加强现状审视，明确财务共享及内部控制的逻辑关系，以及两者整合的内涵价值，然后结合自身实际情况，采取有效措施进行整合优化，以寻求两者深度整合、高效发展的现实路径。归纳来讲，企业既要优化内控环境、深化业财融合，又要优化控制活动、提高处理效率；既要强化风险意识、完善评估体系，又要加强信息安全建设、规避系统运行风险。只有如此，才能充分实现财务共享与内部控制的双向互补，才能进一步深化企业的业财融合，进而为企业可持续发展提供核心驱动与保障。

第四章
财务共享服务中心与信息化建设

财务共享服务中心的建设，通常会涉及五个要素：战略定位、组织架构、流程再造、信息系统和运营管理。

第一节　财务共享服务中心的战略定位

财务共享服务中心的战略定位是指为了配合公司整体经营战略而确定的财务共享服务中心未来工作的主要目标，以及为达成目标而采取的行动。战略定位是建立财务共享服务中心首先需要考虑的内容，对其他方面起着决定性的作用。

一、企业战略与财务共享战略

（一）企业战略及其特征

企业战略是企业根据外部环境及发展趋势、内部资源和能力状况，以提高企业竞争优势和企业价值为最终目标，对一系列长远的、重大的、全局性的问题作出的重大谋划、方案和对策。一个正确的企业战略是形成或打造企业核心竞争力、获取竞争优势的一系列综合的、协调的、持续的约定和行动集合。企业战略指引着企业前进的方向，决定着企业经营的成败。如果企业制定了一种战略，就意味着企业选择了将来很长一段时间内的竞争方式和价值获取路径，也就明确了这家企业打算做什么，以及如何做。因此，企业战略的制定必须慎重对待，一旦制定，就应该保持相对稳定。但是，如果战略制定的依据发生了明显的变化，企业必须根据外部环境、内部资源和能力状况的变化对企业战略实时作出调整，以满足新的外部环境和内部因素的要求。一般来说，企业规模越大，企业战略就越重要，对于企业集团来说，没有一系列的战略是不可想象的。当一家企业制定并实施的一种战略取得了很好的成效，而其竞争对手不能复制或因成本太高而无法模仿时，它就在一定时间内获得了竞争优势。如果企业想要长期保持这种竞争优势，就必须与时俱进，不断创新战略。

企业战略可分为三个层次：企业总体战略、业务单位战略和职能战略。其中，总体战略是企业最高层次的战略，包括发展战略、稳定战略和收缩战略等类型；业务单位战略从属于企业总体战略，是将企业战略的企业目标、发展方向和措施具体化，包括成本领先战略、差异化战略和集中化战略等类型；职能战略是企业各职能部门为配合企业总体战略和业务单位战略的实施而开展的一系列具有战略意义的职能活动，包括市场营销战略、生产运营战略、研发战略、财务战略、人力资源战略等类型。

企业战略具有如下特征：

（1）全局性。企业战略是以制定企业总体发展目标及规划为对象，根据企业内外部总体环境条件而制定的。它指引着企业整体的行动方向，追求的是企业达到的总体效果。

（2）长远性。企业战略的制定不仅要考虑企业外部环境和内部条件当前的现实情况，而且必须考虑企业外部环境和内部条件未来的发展趋势。企业战略既是企业谋取长远发展要求的反映，又是企业对未来较长时期内如何生存和发展的通盘筹划。

（3）竞争性。企业战略是关于企业在激烈的竞争中如何与竞争对手抗衡的行动方案，因此，制定企业战略时，应该明确自己的竞争对手，并深入了解自己的竞争对手，做到知己知彼。通过制定恰当的企业战略，建立和确定企业的竞争优势，同时也要寻求通过竞争与合作达到双赢和多赢的方式和路径。

（4）相对稳定性。企业战略是对企业未来较长一段时间内经营活动的总规划，需要在较长的时间内保持稳定和贯彻，不能随意更改。同时，如果企业的内外部经营环境发生了较大的变化，企业战略就必须根据环境的变化进行相应的调整。信息时代的来临改变了现代企业的内外部经营环境，企业战略也应该随之改变。

（5）纲领性。纲领性是指企业战略是指引企业开展经营活动的总原则、大方向和基本方法，其他的具体职能战略的制定必须服从于企业战略。

（二）财务共享战略及其作用

1. 财务共享战略的概念

信息技术的发展将 21 世纪的人类社会带入了信息时代，信息的类型、数量和传递方式都发生了根本的变化，这不仅改变了人们沟通交流的方式，也改变了人们工作、学习和生活的方式。更加重要的是，信息时代的到来改变了企业的经营环境和经营方式，并且信息已经成为经济发展的新要素。信息时代的来临改变了企业的内外部环境，从而对企业经营战略产生了影响，尤其是对企业的财务管理模式产生了影响，产生了财务共享模式。

"共享"是现今我国经济社会发展的热点之一，被写入《国民经济和社会发展第十三个五年规划纲要》和《2018 年国务院政府工作报告》中。早在 2013 年，《企业会计信息化工作规范》第三十四条要求：规模大、分支多的企业集团应当积极借助信息手段促进财务工作的集中，逐步建立财务共享服务中心。财务共享服务中心建设的初衷是要解决会计核算问题，随着财务职能重心向决策支持的不断转移，也就开始了财务转型，并服务于企业战略发展。财务共享中心将价值创造较低的会计核算流程借助互联网平台进行集约化处理，控制会计核算成本、加强集团整体管控力度，促进财会人员从事更有价值的与企业战略和运营相关的工作。

财务共享战略是指企业通过采用现代信息共享系统和手段处理相关财会工作的一系列措施，其目的是保障整体经营战略的有效实施。财务共享战略属于财务战略的一部分，主要是对企业财务共享服务中心的建设进行全局性、长期性与创造性的谋划，并确保实现财务共享服务中心建设目标的过程。

对于集团公司来说，实施财务共享战略是一种必然选择。在经济全球化迅速发展的今天，集团公司通过自身发展，或者通过兼并收购的方式不断扩展自身实力，企业的规模不断壮大，经营业务越来越复杂，营业地域分布越来越广阔，旗下分公司、子公司数量越来越多，如果下属公司都建立独立的财务系统，这将不利于集团公司的进一步发展。因为这种分散的财务体系，一方面会导致财务工作效率低下，管理难度加大，带来较大的管理成本；另一方面不利于企业资源的整合利用，造成资源的浪费。此外，分散式的财务体系不利于对财务信息进行及时准确的收集汇总，从而影响集团公司的内部控制质量和经营决策。财务共享能够集约化处理集团公司的财务工作，从而提高财务工作效率、节约成本，同时可以强化对企业的管控，使集团公司在壮大的同时保持灵活性和协调性。

2. 财务共享战略的作用

财务共享战略是现代企业适应信息时代需要的一种战略选择，尤其是对于集团公司来说，实施财务共享战略是一种必然选择。集团公司实施财务共享战略，建立财务共享服务中心的作用有以下几点。

第一，有利于降低管理成本，提高管理效率。降低管理成本是所有企业建立财务共享服务中心的主要目标之一，因为企业毕竟是以盈利为目标的经济体。财务共享中心相当于会计工厂，会计人员按岗位进行专业化分工，一人可以处理多个下属单位相同岗位的业务，从而提高工作效率。此外，通过标准化作业，可以提高工作质量，按作业量进行绩效管理。建立财务共享服务中心，需要统一企业的财务制度，梳理企业的财务流程，最终促使企业财务工作流程的统一化和标准化，这既有助于降低企业的财务成本，又有助于提升企业的财务效率。据 ACCA 对中国企业的调查，超过 50% 的企业认为，实施共享服务对于降低财务成本、提升财务流程效率非常重要，如宝钢财务共享服务中心通过业务流程的标准化和系统化，并进行创新和优化，极大地提高了服务效率，降低了管理成本。

第二，有利于加强财务控制，降低财务风险。在建立财务共享服务中心之前，一般集团公司的财务工作开展比较分散，子公司、分公司，甚至有的下属部门都建有财务部门，配备有财务人员。这种分散的财务管理模式不仅削弱了企业总部对财务的控制力，而且隐藏着巨大的财务风险。建立财务共享服务中心，为集团公司的业务流程、内部服务工作流程的标准化以及各种管理数据的统一提供了平台，有助于提高集团管控能力及标准化建设。对于企业来说，这也是一个集中财务权力、加强财务管控的机会。通过财务管控的加强，可以降低与管控有关的风险。当然，如果集团公司的业务过于庞杂，业务覆盖地域非常广阔，可以考虑在确定一个管理中心的基础上，建设多个财务共享服务分中心，目的是加强对企业具体财务及业务的管控。例如，平安集团针对分公司数量庞大的特点，在上海建立了财务共享服务中心，后来鉴于上海的运营成本日益增高，同时单一地区具有系统性风险，财务作业中心在深圳、成都、内江和合肥逐步设立了四个分中心，以降低成本并分散风险。五个中心的职能各有侧重：上海作为管理中心，承担部门总体规划、运营管理、业务接洽、重点资金业务等工作，并为上海的公司总部提供现场服务；深圳分中心提供预算审批、投资类资金往来服务，并为平安集团深圳总部提供现场服务；成都、合肥、内江等分中心则是主要的会计类、资金类标准服务提供地，并相互作为业务备份，当一地遇上突发事件暂停工作，其他地区可以迅速承接起来，保持服务的持续性，避免对整个业务运转造成致命影响。

第三，有利于促进财务转型，强化企业内部管控。这个目标对于我国企业来说，可能显得更为重要。因为我国企业的财务部门和财务人员，总体层次相对较低，大部分人员主要从事核算工作，而一些高级财务人员相对不足。企业通过建立财务共享服务中心，使大量基础财务工作标准化、流程化和系统化，提高了财务核算工作的效率，大大降低了对基础财务人员的需求量，使大部分的财务人员能够从烦琐的核算工作中解放出来，使他们有机会与业务结合，并从事管理会计工作。财务共享能够为企业财务转型升级打下良好的数据基础、管理基础和组织基础，逐步形成由战略财务、业务财务和共享财务构成的"三角鼎力"的财务管理支撑新体系，使企业由核算型财务向管理型和价值型财务转型升级成为可能。企业通过财务转型，可以提高财务人员的地位，将财务人员作为企业战略目标的定位者、财富的管理者以及创造者，财务人员将精力投入业务之中，为业务部门提供专业服务，同时，财务人员将主要精力投入财务信息的收集、整理和加工工作中，为企业决策服务。

第四，有利于提升财务能力，提高财务工作质量。对于大型集团企业来说，企业的业务分布很广，财务工作千头万绪，合理调配企业的财务资源，提升内部和外部客户满意度至关重要，这极大地考验着企业财务部门的财务能力，对其财务工作质量要求很高。企业建立财务共享服务中心后，可以通过这一先进的信息平台，较好地满足企业的财务工作需要。例如，华为集团在全球范围内建立了七大区域账务共享中心，加强了公司总部对全球业务的财务控制，同时通过持续推动流程的标准化与简洁化，大幅提升了财务专业流程的运行效率。华为集团实施财务共享的首要目标是集团企业能够在全球范围内为业务调配财务资源，从而提高其全球竞争力。

第五，有利于提升企业信息化水平，加强财务对决策的支持力度。例如，海尔通过流程再造项目以及共享中心信息化平台的实施与上线，塑造了目前的财务管理模式。目前海尔财务人员分为三类角色：第一类是战略财务，整个集团的财务方向、路径、政策、资源和风险都集中在战略财务；第二类是共享财务，通过整合互联网资源，打造云端管理模式，为集团提供高效、合规的会计服务；第三类是分散的业务财务，在实现最大限度的集中管控之后，海尔财务更多地融入业务中去，用他们的专业技能为业务的发展提供决策支持。

第六，有利于加快业财融合，促进核心业务发展。财务共享推动传统财务人员向业务财务转型，从事管理会计工作，财务向业务前端延伸，更好地支持核心业务；将财务核算工作标准化、集中化，企业在发展过程中不必再考虑建立核算组织和核算体系等基础支撑问题，专注于核心业务，促进快速发展。

第七，有利于采用现代信息技术，适应互联网时代的管理模式。移动互联、大数据和云计算等新技术正改变会计行业，能够帮助其实现财务网上办公、移动办公、实时通信；与外部审计、税务等监管系统互联互通；应用电子发票、电子会计档案等；数据平台提供财务和业务数据，支持大数据分析；应时而生的共享服务适应互联网时代的企业管理模式。

二、财务共享服务中心的战略定位内容

财务共享服务中心的战略定位是企业建立财务共享服务中心时首先需要考虑的问题，主要包括财务共享服务中心的战略目标、运营模式和战略结构。

（一）财务共享服务中心的战略目标

在企业着手建立财务共享服务中心之前，首先需要从企业战略的高度，确立财务共享服务中心的目标。当然，不同的企业建立财务共享服务中心的战略目标可能各不相同。同一个企业，在财务共享服务中心建设的不同阶段，战略目标也会有所不同。企业应该结合自身的经营战略、经营特点和信息化水平，同时考虑外部环境因素确定建立财务共享服务中心的战略目标。一般来说，财务共享服务中心的战略目标包括以下三种。

1. 成本导向目标

以成本导向为目标时，企业构建财务共享体系的主要目的是提高财会工作效率，降低相关工作成本。此时，财务共享服务中心的职责定位主要采用的是成本观，在业务范围选择、工作职责确定、作业实现方式、日常运营管理等方面均考虑投入产出比，一般通过规则标准化、业务系统化、人员集中化等手段，集中处理规模大、重复性高的标准化会计作业，以达到降本增效的目的，并在实际工作中探索新模式、新方法、新技术，持续改进工作流程，提高工作效率。

2. 内控导向目标

以内控导向为目标时，企业构建财务共享体系的主要目的是提高财务作业质量、强化企业内部控制。此时，财务共享服务中心的职责定位主要是内控观，在业务范围选择、工作职责确定、作业实现方式、日常运营管理等方面均重点考虑内部控制的有效性，一般通过规则规范、岗位牵制、管理集中等手段，在集中处理规模化业务之外，强化对各项工作的管理与控制，达到管控风险、提高财务数据质量和时效等目的。在内控观中，投入产出比不再是财务共享首要考虑的因素，为了达到内控要求，即使一些业务不符合投入产出比的要求，财务共享服务中心也可以开展。例如，为了达到合并报表的质量和时效要求，阳光保险财务共享服务中心所服务子公司的范围，在原来保险业务基础上持续纳入业务性质和流程完全不同的基建、物业、金融服务等子公司，从而达到核算标准一致、合并报表时效提高的管理目的。企业在实施内控观的过程中，还包括上收管理权限、制定统一规则制度、负责某一部分业务的预算编制监控及分析等做法。内部控制导向目标是一种比成本导向目标更高级的战略目标定位，更能体现财务共享服务中心的优势。不过，在这种模型运行一段时间以后，企业内部控制水平达到了管理的要求时，也应该考虑通过财务运营和流程优化降低成本。

3. 服务导向目标

以服务导向为目标时，企业构建财务共享体系的主要目的是提高服务质量、提高企业价值。此时，财务共享服务中心的职责定位主要是服务观，在业务范围选择、工作职责确定、作业实现方式、日常运营管理等方面均重点考虑服务于企业的价值创造，一般通过整合标准化业务、整合并加工企业内外部信息等方式为企业价值创造服务。整合标准化业务是指将财务共享、人事共享、IT共享、呼叫中心等整合起来，通过通用的方法发挥更大的成本和后援服务优势，为企业各类业务提供更优质的服务；整合并加工企业内外部信息是指将企业内部和外部的各类经营决策相关信息收集、整理、加工以后为企业的决策服务。以服务观定位财务共享服务中心，为企业运营、管理、决策提供更多的支持，有利于企业的价值创造。

（二）财务共享服务中心的运营模式

最初，财务共享服务中心只是进行基本财务业务的处理，随后，慢慢发展成一个运作与控制分离的职能部门，最后发展为独立经营模式，成为一个独立的营利组织。比如，壳牌石油建立的"壳牌石油国际服务公司"，每年约10%的收入来自向外界提供服务。从只为内部客户服务，到同时向外部客户提供自己的财务共享服务；从降低企业的运作成本到为企业创造利润，随着共享服务不断发展进步，逐渐走向成熟，财务共享服务中心向企业内外部客户提供了优质的服务、丰富的服务内容和服务形式，以满足客户的需求和选择。

企业需要根据自身的经营情况、组织结构、信息化程度等，确定财务共享服务中心的运营模式。按照组织发展的阶段，财务共享服务中心的运营模式分为以下五种类型：基本模式、市场模式、高级市场模式、独立经营模式以及财务众包模式。

1. 基本模式

这种运营模式通常处于财务共享服务中心发展的初期阶段。这种模式下，组织内部的基础运营与决策权统一在公司总部。出于集中管控、降低成本以及提高效率等方面的考虑，会强制性地要求各分支机构将总账、应付账款、应收账款、固定资产等典型的财务工作集中到财务共享服务中心处理。这种类型的财务共享服务中心比较注重选址、人员测算、最优工作量标准核定等。

2. 市场模式

这种运营模式是财务共享服务中心发展到一定阶段的产物。它分离了公司职能内部的基本运作权和决策权，使财务共享服务中心成为相对独立的经营实体，拥有基本运作权使得机构更加灵活，只需执行总部规定的相关政策，并受总部的监管，集团内部分支机构的客户不再被动接受托管性的服务，可以根据自己的意愿做出是否接受这些服务的决定。这种模式的财务共享服务中心，不但要提供基础的业务服务，还要提供更专业的咨询服务，要不断提升自身的服务质量，根据确定的服务流程与标准提供服务。与此同时，财务共享服务中心开始通过服务收费抵偿成本。我国大多数企业集团采用的是这种服务模式。

3. 高级市场模式

这种类型的财务共享服务中心，是市场模式的进一步发展。和市场模式最大的不同是高级市场模式引入了竞争，其核心目标是为客户提供比竞争对手更优的服务。此时，企业内部各机构的客户具有更多的自主权。因为市场上有更多能够替代的系统软件服务商，这种财务共享服务中心在收费标准上按照市场价格或成本加成收取相应费用。目前这种运营模式的应用在我国不是很多，一些具有雄厚实力的大型企业集团会采用这种运营模式。

4. 独立经营模式

独立经营模式是财务共享服务中心的高级模式。这一阶段财务共享服务中心的服务对象包括企业的内外部客户，面临与各种外部咨询机构与服务供应商的竞争，需要不断提高技能，充实各种咨询服务知识。此时的财务共享服务中心以盈利为出发点，其服务收费采用的是市场价格模式，成为能够创造价值的利润中心。独立经营模式的财务共享服务中心具有完全的独立性，并且通过服务与产品的不断改进或升级，发展壮大其市场，提高客户满意度。国外跨国企业或咨询公司一般应用这种类型的运营模式，我国企业集团对该模式的应用还很少。

5. 面向未来的财务众包模式

"众包"概念由美国记者杰夫·豪于2006年提出。借助于"互联网+"和互联网思维、技术，财务业务也可以在逻辑上集中、物理上分散，由此产生了"财务众包"的概念。这也意味着，财务共享服务中心本身的管理可以分散进行，员工即使分散在不同的地区也可以完成同一项工作。

2016年10月17日，阳光保险发布"阳光财务众包平台"，将会计作业与新兴的互联网结合，开创"互联网+会计"的共享经济新模式。该平台将会计作业拆分成微任务，并面向互联网用户进行任务招募，由互联网用户抢单、随时处理完成。阳光保险也由此成为首家面向社会大众、采用财务众包模式处理会计事项的企业。

由于财务共享服务中心的业务都是统一、标准化的，依托目前的互联网技术，从操作层面来说，财务共享服务中心采用财务众包模式是具备可行性的。但是对于一向把财务视为核心商业机密的企业，对这一模式的选择会更多考虑安全性的问题。

（三）财务共享服务中心的战略结构

战略结构是财务共享服务中心的顶层架构，也是建立财务共享服务中心的重要决策。战略结构涉及按照什么方向建设财务共享服务中心，建设的数量是多少，各个财务共享服务中心的职责与服务范围如何划分等问题。

在战略结构的选择上，根据为客户提供服务所覆盖领域的不同，财务共享服务中心的战略结构主要有三种：全球中心、区域中心、专业中心。全球中心和区域中心是以地域作为标准，而专业中心是以单个/类业务流程为标准。

1. 全球中心

全球中心是将企业全球内可以集中的业务流程都通过一个统一的财务共享服务中心进行处理。全球中心的优点是规模经济优势明显，但需要应对不同国家和地区的法律法规，需要面对语言、文化、时差等差异，需要有完全整合的系统。因此，全球中心这种模式在实际操作中难度最大，对企业的管理水平要求非常高，一般企业很少采用。

典型代表如惠而浦（Whirlpool）、中兴通讯等。中兴通讯在西安建立财务共享服务中心为全球100多个国家和地区的分支机构和分、子公司提供财务服务。

2. 区域中心

区域中心是企业将其财务工作集中整合到一个或多个区域中心，较为充分地实现规模经济，降低企业的整体成本的一种模式。这种模式下，企业会将全球的业务分成几个区域，然后把可以集中的业务流程集中到某个区域的财务共享服务中心。这种方式相对于全球中心来说，建立的难度较低，因而被更多的企业所采用。

典型代表如通用电气（GE）、壳牌（Shell）、华为等，它们在全球范围内建立了多个区域中心。

3. 专业中心

专业中心主要是以单个或单类业务流程为标准，在全球范围内建立财务共享服务中心。比如，专门处理应付账款的财务共享服务中心、专门处理固定资产的财务共享服务中心等。这种模式的重点在于消除重复劳动，提供单一或单类流程服务。譬如，壳牌的格拉斯哥中心作为专业中心，仅承担集中报销业务，为壳牌全球各业务单元服务。

对于非跨国公司来说，以地域为标准，可以建立全国中心和地区中心。可以先建立地区中心进行试点，试点成功后，再将地区中心的经验复制到全国，建立全国中心。未来如果走出国门，实现国际化，还可以进一步建立区域中心和全球中心。

第二节　财务共享服务中心的组织架构

一、财务共享服务中心的组织构建原则

财务组织的调整和重构是集团企业建设财务共享服务中心的必要环节。调整和重构财务组织的目的是围绕财务共享服务中心的战略定位，建立相应的组织结构体系，降低组织管理成本，增强组织应对环境的灵活性，提高组织运作效率。当然，财务组织的调整和重构必然要改变原有的内部利益格局和权责的分配。

在构建财务共享服务中心时，企业需要遵循以下三项原则。

（一）专业化原则

建立财务共享服务中心，需要把财务工作中易于标准化的业务纳入共享中心，同时按照业务性质，对共享中心的工作进行分工，将原来的大部分财务人员集中到共享中心，为企业内部和外部的客户提供统一标准的专业化服务。

（二）流程化原则

财务共享服务中心需要以流程化运作为主要管理模式，内部组织需要相互协作和支持，追求核算工作的效率提升和风险的有效控制。

（三）扁平化原则

扁平化是指通过减少管理层次、压缩职能部门和机构，使企业管理层次大幅减少、管理幅度扩大的富有弹性的管理模式。财务共享服务正是基于扁平化，打破原有的以财务部门为主的各职能机构，围绕工作流程而不是部门职能来运作，通过资源整合和信息共享来处理企业中的大量财务管理和会计核算的工作，加速信息的传递和处理，提高企业管理层对各种事件的反应速度和处理能力。

二、财务共享服务中心的组织定位

在建立财务共享服务中心时，企业需要明确财务共享服务中心在集团整体架构中的组织定位，即需要明确财务共享服务中心与集团总部财务、成员公司财务之间的隶属或平行

关系。

财务共享服务中心的组织定位主要取决于企业的管理需求和财务共享服务中心的发展阶段。按照财务共享服务中心的管理级别，其组织定位一般有以下三种模式。

（一）隶属集团公司总部财务部

在这种模式下，财务共享服务中心是财务部下面的一个部门，这也是财务共享服务中心的管理级别最低的模式。在这种情况下，财务共享服务中心和财务部的其他职能部门是同一个级别，都归属集团公司财务部领导。这种模式便于总体的管理和协调，有利于财务政策的推行。但由于管理级别较低，不利于获得公司高层领导的支持。

（二）与集团公司财务部平行

在这种模式下，财务共享服务中心和集团公司财务部平行，都归属集团 CFO 领导。这种模式下，由于与财务部是平行关系，财务共享服务中心在和财务部的下属机构，如会计部门、预算部门等协作上会有一定的难度。反过来，会计部门通过财务共享服务中心向成员公司贯彻会计政策也会有一定的协作难度。

但这种模式有利于财务共享服务中心获得公司高层领导的支持和指导，尤其是在财务共享服务中心的建设初期，对于其开展和推进有很大的帮助。因此，很多企业在建立财务共享服务中心时会选择这种模式。

（三）隶属集团公司共享服务中心

财务共享服务是共享服务的一种。当公司建立起统一的共享服务体系，一般会将财务共享服务中心纳入集团公司共享服务中心之下，而集团公司共享服务中心一般由集团公司主管副总领导。

三、财务共享服务中心的内部组织架构与岗位配置

财务共享服务中心内部的组织架构与岗位配置与财务共享服务中心的业务范围是相辅相成的。一般而言，业务范围影响组织架构，业务工作量差异影响岗位配置。因此，财务共享服务中心的组织架构、岗位配置和业务范围要协同规划、同时确定。

（一）内部组织架构

财务共享服务中心的内部组织架构，常见的划分方法主要有两种。一种是按职能划

分，即按照不同岗位的具体工作职能划分。这种方式遵循了专业性原则，标准化程度高，有利于提高财务工作效率。另一种是按区域划分，即按服务对象的业务区域划分。这种方式有利于为不同区域的客户提供专业化个性化的服务，可增加客户的满意度，但流程标准化程度低，对人员的要求比较高，财务工作效率也会相对较低。

很多需要建立财务共享服务中心的企业认识到，职能和区域这两个维度都是很重要的，企业的财务共享服务中心既需要按照职能服务于不同的客户，又需要满足不同区域的客户需要。因此，企业更愿意选择将职能和区域相结合的内部组织架构。实践中，可以选择以一种方法为主，而以另一种方位为辅，既可以先按职能划分再按区域划分，也可以先按区域划分再按职能划分。

(二) 岗位配置

财务共享服务中心内部组织架构不同，岗位配置也会有所不同。一般财务共享服务中心应配置的岗位包括以下几种。

1. 基础类岗位

(1) 影像扫描岗。影像扫描岗负责票据及纸质资料的接收和基本审核工作，包括发票等配套附件的简单检查、地方特色审核点等；各流程中对纸质材料的扫描工作；纸质材料和扫描影像的审核工作；单据的日常管理工作；会计档案的打印、整理、归档管理工作。

(2) 共享审核岗。共享审核岗分为共享初审岗和共享复核岗，负责对进入共享中心的经济业务及交易进行审核，包括审核业务的真实性、合理性、合法合规性、完整性、准确性、风险性等，对不符合相关规定的予以退回处理，为合规的生成会计记账凭证。

(3) 资金结算岗。资金结算岗负责处理银企直联结算方式、网银结算方式支付的付款单据；付款失败业务的查询、跟进及处理，以及银行账户状态异常事项的沟通协调；银行收款信息、银行自动扣款信息的维护并发布到款项认领系统；配合共享审核岗进行银企对账工作，沟通核实未达账项原因；制单U盾和支付密码器的保管，定期进行检查，确保存放安全。

2. 支撑类岗位

(1) 流程管理岗。流程管理岗负责承接财务共享服务中心流程管理、优化工作，输出流程优化方案；承接流程优化过程中需求以及项目推进、管理、监督工作；优化共享中心运营，提高运营服务质量及效率；配合区域新财务共享建设工作，进行需求流程梳理，推进项目落地。

（2）质量管理岗。质量管理岗负责财务共享服务中心内部控制管理制度与实施操作细则的制定，建立财务共享服务中心内部会计业务流程，并进行持续的更新和优化，对财务共享服务中心日常运行和各部门的具体业务和工作质量进行定期的内部稽核。

（3）系统运维岗。系统运维岗对财务共享服务中心的各个相关信息系统的主数据（供应商和客户）进行定期管理与维护。

（4）人力资源岗。人力资源岗负责为财务共享服务中心的快速扩张和发展提供有效的人力资源解决方案，确保业务的顺利开展；根据部门发展要求，进行组织诊断，推动组织变革，梳理组织架构，优化流程，调配组织资源；为部门的招聘管理、员工关系、绩效管理等人力资源工作提供全面支持，协助业务部门提升组织绩效；建立良好的沟通渠道，主动与业务部门、员工进行多种形式的接触和有效沟通；推动部门贯彻落实人力资源相关政策、机制，并提出优化建议；了解所支持部门的业务状况和团队状况，提供符合部门需求的其他人力资源支持工作。

（5）报表管理岗。报表管理岗负责财务报表优化，提出相应的流程、报表编制规范、系统改进建议；负责单体报表的日常工作检查和指导，确保各小组任务正常运转，确保审单和核算效率；负责单体报表质量；安排相关系统需求和问题的收集，并提交至系统运维岗。

3. 管理类岗位

（1）中心总监。中心总监整体全面地负责财务共享服务中心的各项日常工作，确保财务共享服务中心提供的财务数据和信息是及时的、准确的和完整的，保证中心的正常运行。总监对财务共享服务中心的各项工作负责并向集团财务管理层报告。

（2）业务经理。业务经理负责财务流程的建立与持续改进、建立和维护会计实务核算操作的具体规范制度等，负责对具体会计业务的完整性、准确性、合规性进行内部监督，定期对其下属岗位员工的工作业绩和表现进行综合的评价和考核。财务共享服务中心业务经理直接向财务共享服务中心总监报告。

如果是按职能划分再按区域划分的内部组织结构，可以先按照职能部门设置经理，在职能部门经理之下，再按照区域设置组长；先按区域划分再按职能划分的内部组织结构，则可以先按照区域设置经理，在区域经理之下，再按照职能设置组长。

（三）人员配置

建立财务共享服务中心，原来财务工作中共性的、重复的、标准化的业务会集中到中心。原来从事这些工作的财务人员面临两个变化：一部分会集中到总部的财务共享服务中心；另一部分要转型，由原来的核算型财务转到高价值的决策支持上来。企业需要根据财务共享服务中心的组织架构和岗位配置，匹配合适的岗位人员。

在进行财务共享服务中心人员配置时，需要坚持以下三项原则。

1. 岗位和技能匹配

财务共享服务中心采用的是标准化的流程和操作，每一个岗位都有特殊的专业技术要求。因此，企业需要了解原来分散在总部和下属公司的财务人员的长处，把他们尽可能放到和技能相匹配的岗位上。

2. 岗位和能力匹配

在财务共享服务中心，主要有两类岗位：业务处理岗位和运营管理岗位。业务处理属于操作性岗位，要求员工有熟练的专业技能，而运营管理岗位则要求员工有主动性和创新性。

3. 岗位和空间匹配

在设置岗位和配备人员时，应考虑员工的个人发展潜力以及个人发展意愿。应尽量避免由于建立财务共享服务中心，造成财务人员大量流失。

财务共享服务中心的人员选择、使用、晋升都与原来的组织有所区别。由于强调客户满意的服务导向，强调业务的标准化、流程化和规范化，财务共享服务中心需要设计不同的岗位类型的人才梯队和人才层次，以及不同岗位的职业发展路径。财务共享服务中心的岗位设置要切忌过度分工，如果员工负责工作内容较为单一，可能会感到工作枯燥，使员工对职业发展产生顾虑而导致人才流失。由于财务共享服务中心的内部分工细化，各岗位对人才的需求也有很大差异，需要在人员安排时加以考虑。例如，票据管理人员一般不需要专业的财务知识，而细心、耐心等个人品质尤为重要；报表管理人员必须要求专业的财务背景，要有相对丰富的工作经验。

第三节　财务共享服务中心的流程再造

流程是由一系列的活动组成，接受一个或多个输入，并产生一个或多个为客户带来增值的输出，是一种按照规律性方式，将输入转化为输出的相互关联且相互作用的连续过程的组合。因此，流程一般由输入、活动、活动的相互关系、输出、客户和价值共六个要素组成。

一、流程再造的内容与原则

（一）流程再造的基本内容

财务共享服务中心的建设过程就是企业财务流程再造的过程。实行财务共享之前，企业的核算、结算和报账的流程都是分散在各业务单元单独进行的，每个业务单元都有自身的流程，且每个流程上的运行标准、效率和风险管理规范都不尽相同。要建立财务共享服务中心，必须按照统一的要求，调整各业务单元现有财务业务流程，将简单的事务性的会计核算工作向集团总部集中，将财务权限上收，缩减分支机构的财务人员编制，并最终制定一套适合所有业务单元的业务流程。

（二）流程再造应遵循的原则

为建立财务共享服务中心而进行的财务流程再造，必须遵循以下原则。

第一，以战略为指导原则。财务共享服务中心的流程再造要从战略的高度理解和实施。企业建立财务共享服务中心而实施流程再造，根本动力和出发点是适应企业长期可持续发展的战略需要。没有明确的战略指导，流程再造不可能彻底完成。

第二，以流程为中心原则。财务共享服务中心的流程再造目的要由过去以职能部门和分工为中心转变为以流程为中心。许多企业的流程再造偏离了最初设计的轨道，原因就在于未能坚持以流程为中心原则。

第三，以人为本原则。财务共享服务中心的流程再造要坚持以人为本原则。传统的劳动分工将企业管理划分为多个职能部门，员工被限制在某个部门的职能范围内。流程再造要求在设计流程时，使每个流程在企业处理的过程中最大限度挖掘个人潜力，充分发挥每个员工的积极性。同时，在流程与流程之间强调人与人之间的合作精神，让流程作为联系人与人之间的纽带，使之发挥巨大作用。

第四，客户价值导向原则。财务共享服务中心的流程再造的核心是客户价值，这里的客户包括内部客户和外部客户。企业的使命就是了解市场和市场上客户的需要，并有针对性地提供产品和服务，为客户提供价值的增值。因此，流程再造中必须打破原有组织结构中的职能和部门界限，分离出相互独立的创造价值的财务流程，使企业的经济活动重新构建在跨越职能部门与分工界限的"客户需求导向"基础上。

二、流程再造的步骤

财务共享服务中心的流程再造，主要包括如下几个步骤：财务流程分析、财务流程的优化及重新设计、试点与转换和持续改进。

（一）财务流程分析

财务流程分析的重要目标是通过客观、理性的分析，寻找那些可以或需要纳入财务共享服务中心的流程。一般而言，可纳入财务共享服务中心处理的财务业务具备如下特征。

一是业务量大、发生频次较高、相似度高。如员工报销、应收应付等。

二是在各业务单位中存在普遍共性的业务。如会计月结年结、总账核算、各类标准报表。

三是能够专业化、标准化的业务。如各公司的会计核算、单体和合并报表的编制。

四是支撑集团公司层面对业务单位财务管控的标准制定，如会计核算标准的制定等。

总体而言，可纳入财务共享服务中心的内容如表4-1所示。

表4-1　可纳入财务共享服务中心的内容

财务核算	财务结算	其他财务职能	衍生财务职能
（1）总账管理	（1）资金支付	（1）归档管理	（1）财务人员绩效考核
（2）应收应付	（2）资金收款	（2）体系建设	（2）客服中心
（3）费用报销	（3）银行对账	（3）应用支持	（3）自助服务
（4）工程核算		（4）风险预警	（4）财务任务管理
（5）资产核算			（5）电子化凭证
（6）生产成本			（6）条形码/二维码
（7）物资核算			（7）信用管理
（8）其他核算			
（9）内部交易抵销			
（10）月结/年结			

（二）财务流程的优化及重新设计

财务流程的优化和重新设计是指在分析现有流程的基础上，系统地改造和创建新的财务流程。流程再造的终极目标是业务流程的规范化或标准化，需要达到以下几个标准。

1. 处理环节操作规范化

制定每个环节的操作标准和手册，做到事事有章可循，通过标准化作业提高工作质量和效率。例如，针对票据而言，其范围界定、票据审核、票据流转、票据归档，各循环的会计核算流程、会计报告编报流程、统计信息发布流程等均要实现规范化与标准化。再如，应制定财务报账管理办法等规章制度和操作手册，对财务共享服务中心的工作职责、报账流程、审批权限、财务会计档案管理、分行报账工作考核办法等进行明确规定，确保有章可循，规范操作。

2. 客户需求的响应机制规范化

这是指建立客户需求受理、客户需求分析、风险评估规划、项目立项、系统开发、任务分解、任务跟踪、项目验收全流程标准化管理，加快响应速度。

3. 业务流程以及信息系统的变更流程规范化

这是指对于系统和业务流程的变更，按照效益、成本原则确定方案，评估交接过程中的风险，强化验收测试环节，确保交接过程中公司各项业务正常开展。建立完善的变更记录制度，保证持续改善工作的顺利进行。

（三）试点与转换

财务共享服务中心的流程再造必须先要保证新旧两种流程的"并行运转"。虽然这种行为会造成一定的不便与资源浪费，但与通过试点积累的经验和得到的教训相比，试点必不可少。

在试点期间，如何选择优秀的组织团队，充分理解新流程的内涵以保证试点工作的有效和高效是关键所在。完成试点之后，需要在整个组织范围内确定转换次序，分阶段地进行新流程的引入实施。在转换阶段，要特别注意转换顺序，避免为组织带来动荡不安，影响组织的正常工作与运营，同时也要做好对员工的再培训，并将整个转换计划向员工清晰地阐释。当然，在这个过程中，同样不能忽视高层管理者的支持，他们必须投入更多的精力，帮助转换工作顺利开展。

（四）持续改进

由于企业业务领域的拓展、组织结构的变化、战略目标的转变，流程管理不可能一次完成，而是一个持续性的过程。这就需要建立不断自我优化的机制，从而实现流程的持续评估、改进和提升，以满足公司成本、战略、合规性上的要求，避免由于流程等相关内容的变化而带来财务共享服务质量的下降。财务共享服务中心业务流程的持续改进同样可以通过细节改进、流程再造的方式实施。但无论通过何种方式落实，财务共享服务中心流程持续改进的目标都不能脱离企业对于公司整体战略、成本、效率和合规性方面的要求。同时，持续改进也给财务共享服务中心尤其是管理者团队提出了较高的要求。管理者不但需要具有改进变革流程的技能技巧，更要有持续改进的意识、敏锐的洞察力及坚定的信念去推进一项项改革。因此，财务共享服务中心需要为此配置合适的管理团队去不断推进持续改进工作。

第四节　财务共享服务中心的信息化建设

企业跟随经济全球化的脚步不断发展壮大，目前一些大型的企业为了更好地负责相关业务，为企业创造经济效益，针对不同企业项目的类型、开展区域等划分出很多专门的分支机构或下属部门，这就导致大型企业的部门组织结构越来越复杂，分支机构的分布区域可能跨越不同的国家。由于大型企业内部结构的复杂性，给大型企业的运行与管理过程增加了难度，最常见的问题就是机构繁杂、部门重叠等现象，这不仅阻碍了管理工作的不断推进，也不利于企业长久的运营与发展。并且大型企业组织结构繁杂的情况逐渐变得普遍，在这个过程中，集团总公司既想调动下属公司的工作积极性，为集团创造更多的经济效益，又不想下属公司过快地发展导致集团丧失对下属公司的控制能力，集团在改革与不改革之间犹豫不决，就会导致集团决策开始妨碍公司的管理与发展。为了改变大型企业管理难度持续升级的问题，大型企业必须紧跟时代科技的发展，结合云计算、物联网、大数据等先进的科学技术，推进企业的信息化进程。财务共享服务中心就是大型企业改革的典型财务管理模式，并在大型企业财务管理过程中，逐渐体现了现代科技支持下集成化财务管理模式的优势与效率，为大型企业的发展与升级提供了保障。

一、财务共享服务中心的信息化优势

（一）有效降低企业运营成本

大型企业通过建立信息化财务共享服务中心，对企业的集团总部和下属分支机构的财务状况进行集约化的统一管理，能够有效降低大型企业的运营成本。

首先，大型企业的集团总部设立了信息化的财务共享中心，对企业整体财务状况进行统一的规划管理，所以，企业的下属分支机构就不需要单独设立专门化的财务部门或财务机构对分支机构的财务状况进行管理规划，能够在一定程度上减少下属分支机构的人力成本支出，也可以避免下属分支机构重复建立财务部门的资源和人力的浪费。

其次，大型企业的财务共享服务中心的设立区域，不一定非要选择建立在大型企业的集团总部所在地区，可以选择经济发展速度较慢、薪资水平相对较低的区域，这样可以降低在建立信息化财务共享服务中心上的人力、财力、物力资源投入。

最后，由于信息化财务共享服务中心具有管理效率更高的优势，也可以在企业财务管理过程中减少人力资源投入，降低财务管理的人力成本。

（二）提高企业的财务管理水平及效率

大型企业建立信息化财务共享服务中心对大型企业的集团总部以及下属分支机构的财务状况进行统一的标准化管理流程，减少不必要的财务管理步骤以及跨区域的下属分支机构之间的财务管理差异，不但可以极大地提高管理效率，也有利于规范企业的整体财务管理工作，完善财务管理机制，提升企业的财务管理水平。

信息化财务共享服务中心在互联网技术的支持下开展财务管理工作，可以突破企业集团总部与不同下属分支机构之间的时间和空间限制，对财务数据进行整合，不需要耗费大量的人力物力进行跨区域的财务情况汇报工作，这使得大型企业的财务管理效率得到有效提升。并且，大型企业建立统一的信息化财务共享服务中心，可以将企业所有的财务管理人员聚集到一起，开展统一的培训与管理工作，不仅可以节约企业的培训成本，还可以对财务工作人员进行统一的管理，有利于建立与实施统一的财务管理政策，提高公司的财务管理效率。

（三）支持集团的发展战略

大型企业的发展过程会根据企业的实际发展状况，制定新的发展战略或新的子公司收购计划，大型企业建立信息化财务共享服务中心能够在互联网技术的支持下，及时了解集团新收购的下属分支机构的财务管理水平，并根据集团总部制定的发展战略，为其提供专业化的管理服务，并且在不受新公司所在地理区域以及实际发展状况的限制下，优化新的下属分支机构的财务管理机制，促进其可持续化发展，支持集团制定的发展战略。并且，信息化财务共享服务中心可以减少财务管理人员复杂的财务管理工作内容，使财务管理人员有足够的时间与精力关心企业的核心业务与发展状况，为企业的财务决策或者战略决策提供信息化财务共享中心中相关率最高的数据支持。

（四）为外界提供商业化服务

大型企业建立的信息化财务共享服务中心，不仅可以应用在大型企业内部的财务资源管理上，还可以利用其优势向外界提供商业化服务，有助于企业获得额外的经济效益。大型企业利用信息化财务共享服务中心可以高效率地解决集团总部与下属分支机构的财务管理问题，并提供统一化、标准化、流程化、专业化的财务管理服务，在财务人员配备充足、工作分工合理化的情况下，处理好企业内部财务管理工作的同时，还可以向其他的企业提供类似的专业化财务管理服务，为企业发展创造额外的经济效益，促进企业的长远发展。

二、财务共享服务中心的信息化建设策略

（一）建立完善的信息技术处理平台

为了将跨区域间的企业下属分支机构中的不同业务模块与集团总部进行顺利的对接工作，通过建立统一的信息处理平台，对信息化财务共享服务中心进行配置优化，可以解决财务共享导致的企业财务处理工作出现空间隔离的问题，促进信息化财务共享服务中心为大型企业提供更好的财务管理服务。由于大型企业的集团总部与各个下属分支机构的地理位置区域分布较为广泛，所以大型企业必须实现信息化财务共享服务中心财务管理工作的高度集成与高效运作。

为信息化财务共享服务中心建立完善的信息技术处理平台，搭配具体统计的技术标准，可以利用云计算技术将大型企业的不同下属分支机构的不同业务模块进行财务共享整合，达到大型企业提出的高度集成与高效运作的要求。大型企业应当根据自身的实际发展情况聘请专业团队对技术平台进行开发与设计，或者也可以从市面上购买相关的技术平台与企业财务系统进行对接。需要注意的是，最终企业得到的信息技术处理平台必须具备整合企业下属分支机构财务管理业务模块并能顺利对接的功能，并且能够保障信息化财务共享服务中心的稳定、安全运行。

目前，我国的很多大型企业都建立了企业内部的 ERP 系统，为了实现信息化的财务共享服务，大型企业将云软件与企业内部的 ERP 系统进行连接，构建了企业内部的信息化财务共享服务中心，完成了大型企业集团总部与各个下属分支机构的财务管理资源的数据共享与整合工作，促进了大型企业财务管理效率的提升。

（二）结合企业现有信息系统进行软件开发

为了实现信息化财务共享服务中心更好地为大型企业提供财务管理服务，在降低前期建设成本的前提下，大型企业可以基于现有的信息系统，对其进行改造与功能升级，进行财务共享服务的信息化建设。

首先，大多数的大型企业都拥有相对完善的企业内部会计信息系统，为了更好地实现财务共享，企业都会选择建立信息化财务共享服务中心，如果大型企业在建设信息化财务共享服务中心的过程中，抛弃企业内部原有的会计信息化系统，重新进行建设工作，不但会浪费企业现有的技术资源，也会增加建设信息化财务共享服务中心的成本。所以，企业应当利用现有的会计信息系统，与 EPR 系统和新建的系统相结合，对财务共享功能的实现进行补充，建立功能更加完善的信息化财务共享服务中心，可以更好地完成企业财务数据收集工作，并解决前期开发成本过高的问题。

其次，云服务技术在信息化财务共享服务中心的建设过程中也发挥着巨大的作用，开发人员应当积极主动地探索云服务在企业财务共享服务中心的应用方式，正确应用云服务技术。第一，可以降低企业建立信息化财务共享服务中心的成本。企业将云服务系统引入信息化财务共享服务中心的建设过程，只需要向云服务的供应商支付一定的费用，但是，信息化财务共享服务中心的系统建设开发、运行与维护工作都由云服务的供应商负责，可以有效降低企业建设信息化财务共享服务中心的投资成本。第二，高效与专业的云服务可以根据财务共享服务市场的变化，使用最新型的信息处理技术对云服务技术进行不断地更新，有效提升信息化财务共享服务中心的财务管理效果。第三，云服务技术具有兼容性功能，可以整合企业的财务会计、管理会计职能，促进企业财务共享服务中心与外部金融机构更好地融合。

（三）为财务共享服务中心提供配套服务与支持

大型企业在发展过程中不断增加分支机构，导致企业的整体财务状况非常复杂混乱，建立信息化财务共享服务中心虽然可以在一定程度上对企业整体的财务状况进行统一、集中的管理，但依旧存在众多的区域和模块不容易进行整合。为了尽量避免财务管理的混乱，企业也应当制定相应的财务制度及管理制度支持财务管理的标准化流程，加强对管理模式的监督，不断提升企业内部控制效果，有助于企业提高应对风险的能力。

第一，企业需要完善统一的财务制度，对财务共享操作的流程与行为进行合理化规范。要确定原始数据是否统一，就需要明确与完善财务制度与流程，但是信息化财务共享服务中心并不能确定原始数据的标准化与统一性。基于这种情况，企业需要建立更加有效的财务制度，对会计处理流程、会计处理方法、会计账户等流程进行完善，对企业的管理行为进行规范化处理。改良工作的分工结构，评判业务流程与财务共享模式的契合程度，也有助于提升财务共享服务中心的功能。

第二，企业需要建立财务预警系统，对企业的内部控制加强管理。大型企业建立财务共享服务中心的目的之一就是强化企业财务的风险管控功能，这就需要财务共享服务中心的信息化建设要顺利对接企业的其他业务服务系统，通过大数据分析技术对企业经营管理的特点、数据进行分析和整合，构建企业财务风险预警体系。企业财务风险预警体系可以实时监控企业的业务活动、财务管理活动和财务状况的变化，有助于企业集团总部掌握下属分支机构的经营发展的整体情况，有助于财务共享服务中心更好地进行财务管理工作。

综上所述，信息化财务共享服务中心作为一种大型企业改革过程中出现的新型集成化财务管理模式，虽然出现的时间较晚，却取得了巨大的财务管理效益。随着云计算等科学技术不断地发展与完善，信息化财务共享服务中心的技术水平与工作效率也将获得进一步的发展，为大型企业带来更多的财务管理优势，提升对大型企业的服务水平，完善大型企业内部组织结构，有助于大型企业更好地抵御外来风险。在当今科技社会，这一模式已经表现出了很多的优势，也被越来越多的公司重视起来，为顺应时代的潮流，我们更要加强信息化建设，提高企业的财务控制能力以及公司管理的水平和效率。因此，大型企业应当积极推广信息化财务共享服务中心的财务管理模式，加强财务共享服务中心的信息化建设，有助于信息化财务共享服务中心为大型企业带来更多的经济效益，促进大型企业的进一步发展。

——— 第五章 ———
财务共享服务中心的运营管理

运营管理是对所提供的产品或服务进行设计、运行、评价和改进的活动，通过对价值链上各项活动进行分析和设计，提高组织运作效率，协调组织活动并不断优化。运营管理的常规活动包括：制定科学规范的运作体系，养成组织良好的作业习惯；不断检查执行效果，确保工作按制度执行；随着组织发展不断优化、创新工作流程。财务共享服务中心的运营管理是为实现财务共享服务中心目标而实施的强化企业管控能力、实现财务信息高效传递、降低企业经营和财务风险、优化资源配置、提升资源使用效率和效益的管理行为。

第一节　财务共享服务中心运营及优化

一、财务共享服务中心的运营管控模式

财务共享服务中心的运营模式可以大致分为三类：完全内部服务、混合型服务和外向型服务模式。究竟哪一种模式更优，目前尚无定论。每家公司都可以结合公司具体的客户情况、财务共享服务中心的发展阶段、信息化支撑水平等因素进行选择。每种模式都可能在不同的公司发挥最佳的作用，也可能在某一具体公司财务共享服务中心发展的不同阶段做出不同的贡献。

（一）完全内部服务模式

完全内部服务模式（集团管控型模式）的服务对象为集团公司各分公司和子公司，财务共享服务中心与分公司和子公司之间可以签订服务协议，各分公司和子公司可以提出自己的需求，对服务质量进行监督，但是各分公司和子公司没有选择服务供应商的权利。这时的财务共享服务中心一般会拥有专业人员、专业知识和专门的信息系统。这种服务模式

对内部客户提供的服务内容一般都是标准化程度较高的业务流程，如应付账款流程、应收账款流程、资产管理流程、费用报销流程和总账流程，部分财务共享服务中心还会涉及资金管理流程、成本管理流程等。

一般来说，如果财务共享服务中心的客户主要是公司内部客户，基本没有外部客户；或者财务共享服务中心成立时间不长，处于发展阶段中的设立期或者成长期；或者信息系统正在建立或者处于推广期，大多数公司都会选择这种只服务于本公司内部客户的财务共享服务中心运营模式。

（二）混合型服务模式

混合型服务模式下财务共享服务中心的客户既包括公司内部客户，也就是各分公司和子公司，也包括外部客户，即为其他企业提供财务共享服务外包。此时的共享服务一般属于集团的子公司，也有的发展成一定规模，从集团逐渐独立出去，成为专门的外包公司，原企业成为其外部客户。财务共享服务中心不仅需要按标准流程进行操作，也要对其实施专业顾问服务等一系列增值服务。

假如财务共享服务中心所在地经济发展比较成熟，相应配套的信息系统比较先进，财务共享服务中心除了在为本集团公司提供共享服务之外，还有能力对外提供服务，则可以选择混合型服务模式。目前，大型的跨国企业或者国内集团企业的财务共享服务中心往往采用这种运营模式运作。

（三）外向型服务模式

外向型模式（独立市场型模式）财务共享服务中心成立的主要目标是为外部客户提供专业化的服务。此时的财务共享服务中心可以是以独立的企业法人性质存在的一个服务性公司。这种财务共享服务中心的服务范畴也比较广泛，可以对外部客户提供咨询、设计、外包、评估服务，也可以帮助其构建一个新的财务共享服务中心等，还可以涉及财务、金融、IT、法律咨询等多个服务领域，而不局限在单一领域。

现阶段这类外向型财务共享服务中心在国内企业中比较少，但是中兴通讯属于建立财务共享服务中心比较早的企业，已经在积极向外向型模式发展，而国际上则有很多大型咨询公司、跨国公司已经采用了这种模式，如埃森哲、简柏特等。

二、财务共享服务中心运营管理体系

财务共享服务中心对于所服务的组织甚至对于集团企业来说，都是新型的组织机构，使用传统的管理模式进行管理往往不能起到良好的管理效果，反而会影响组织的运作和人员的积极性。如何对财务共享服务中心进行运营管理，成为很多企业在建立财务共享服务中心之后必须考虑的问题。财务共享服务中心运营管理体系的建立过程，也是财务共享服务中心丰富自身管理工具和管理手段的过程。建立财务共享服务中心的运营管理体系，能够使管理手段实现多元化，使得财务共享服务中心的管理更加规范，从而带来管理效率和管理效果的提升。

财务共享服务中心的运营管理体系包括九个方面。其中的目标管理决定着财务共享服务中心的管理导向，是做好其他管理工作的基础。流程制度管理、标准化管理、质量管理用以规范财务共享服务中心的流程和工序，控制输出质量；培训管理、现场 5S 管理、时效管理则是规范和提升效率的有力工具。随着管理成熟度的提高，人员管理、服务管理和知识管理也越来越受到重视，以提高财务共享服务中心的管理人员的积极性和能力。

（一）运营管理目标

财务共享服务中心的运营管理目标是用来衡量和评价财务共享服务中心组织成效的关键和标准，所以，财务共享服务中心必须有一个明确的、贯穿各项活动的统一目标，并分解为诸多子目标，不同的子目标相互联系、相互制约。根据财务共享服务中心在发展过程中所处的不同阶段，财务共享服务中心的目标也会有不同的偏重。

作为独立运营单元，财务共享服务中心模拟市场化方式，为不同成员单位提供服务。其建立的主要目标包括：提高业务处理效率、降低运营成本等。

（二）标准化管理

财务共享服务中心运营过程中的流程、作业及文档的标准化管理工作是一项重要的工作。标准化是指在一定的范围内获得最佳秩序，对实际的或潜在的问题制定共同的和重复使用的规则的活动，包括标准的制定、发布及实施。财务共享服务中心的标准化管理主要包括流程管理标准化、作业管理标准化及文档管理标准化。

1. 流程管理标准化

（1）流程管理标准化的内容。流程管理标准化的内容主要是指财务共享服务中心对各财务业务流程、运营管理流程及其相应标准化文档的设计、优化、执行、固化等环节的标准化管理和要求，通过制定统一标准、持续优化，以达到不断完善流程，从而提高财务共享服务中心的整体工作效率与质量的目的。

（2）流程管理标准化的基本要求。流程管理标准化的基本要求包括标准化、文件化、动态化、系统化和效率化。标准化是指流程设计与优化的程序应相对统一、固定；文件化是指流程制度与相应文档模版应以文件的形式进行固化；动态化是指流程优化应做到适时、动态，发现问题立即提出优化方案；系统化是指流程设计及优化应尽量与系统相结合，减少手工操作环节；效率化是指流程和文档的制度要求在确保规范的基础上，突出效率优先原则，最大限度减少流程环节和层级。

（3）流程设计的基本流程。在设计每一项流程之前，财务共享服务中心应对该流程涉及的各种问题进行全面的分析和评价，形成解决方案。流程设计应遵循图 5-1 所示的基本流程。[①]

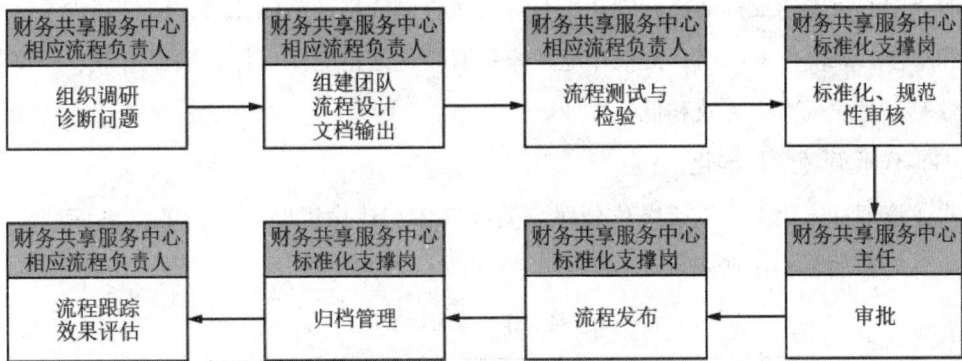

图 5-1　流程设计的基本流程

（4）流程优化的基本流程。当现有流程不能有效指导日常管理工作时，业务人员应及时提出流程优化方案。流程优化应遵从图 5-2 所示的流程。[②]

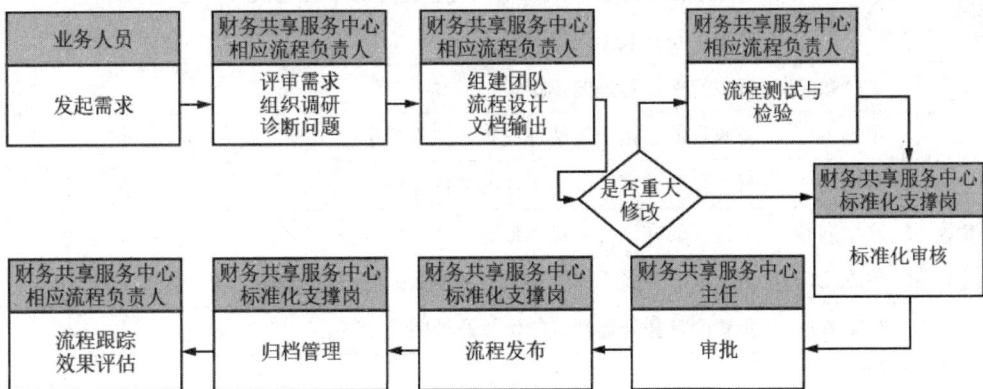

图 5-2　流程优化的基本流程

---

① 田高良. 财务共享理论与实务［M］. 北京：高等教育出版社，2020.
② 田高良. 财务共享理论与实务［M］. 北京：高等教育出版社，2020.

2. 作业管理标准化

(1) 作业管理标准化的内容及目的

作业管理标准化的内容包括定期总结分析，设计并持续改进财务共享服务中心所有业务操作的动作。作业管理标准化的目的是实现统一操作标准与流程，规范操作步骤与动作，达到提升员工专业技能、缩短操作周期、减少工作差错、提升工作效率的目的。

(2) 作业管理标准化的基本要求

作业管理标准化的基本要求是标准化、统一化、简洁化和有效化。其中标准化是指应遵守质量标准、时效标准、步骤标准等作业标准规范；统一化是指应相对统一，实现财务共享服务中心员工作业标准整齐划一、有效衔接；简洁化是指应化繁为简，减少不必要的环节和动作，压缩作业时间、提高作业效率；有效化是指应保证作业动作有效，不断提高作业效率，避免或减少无效和低效作业。

(3) 作业管理的标准化

作业管理标准化主要包括岗位分解、关键动作、动作说明和时间效率方面建立标准化，主要内容如表5-1所示。

表5-1　作业管理标准化

岗位	关键动作	动作说明	时间
扫描岗	单据接收	收取单据箱中的单据和各地票据接收员邮寄的单据	
	单据扫描	扫描接收的单据并上传影像	
	单据邮寄	将扫描完毕的单据邮寄至财务共享服务中心票据归档岗	
	登记台账	接收单据时与单据登记本内容、邮寄清单逐笔核对，退还单据时在退单登记表上逐笔登记	
归档岗	单据接收	接收扫描岗传递的单据	
	单据上柜	将收取的单据分类整理放置于文件柜中	
	打印凭证	打印账务处理结束后生成的会计凭证	
	匹配顺号	将打印的凭证与实物单据匹配并顺号	
	单据归档	装订成册并妥善保管在财务共享服务中心档案室	
	档案管理	负责会计凭证等档案的保管及调阅	
	档案上交	将档案移交至总经办档案处	

岗位	关键动作	动作说明	时间
核算岗	报账审核	审核报账信息	
	账务处理	在核算系统中进行账务处理，生成会计凭证	
	银行对账	根据银行账户使用的活跃程度选择合适的对账频率，进行银行对账	
	编制银行余额调节表	根据银行对账情况，编制银行余额调节表	
复审岗	凭证复核	复核凭证信息	
出纳岗	资金收支	通过银企互联系统、网上银行、线下等方式进行银行结算业务、各种款项收支	
	现金盘点	进行现金盘点，编制现金盘点表	
会计报表岗	编制标准会计报表	编制独立核算单户会计报表和合并会计报表	

3. 文档管理标准化

（1）文档管理标准化的内容

文档是指财务共享服务中心发布或接收的内部管理制度等日常管理活动所涉及的材料，是记录和反映财务共享服务中心日常管理活动的重要史料和证据。文档管理标准化的内容包括电子文档及纸质文档的规范性管理。

（2）文档框架

文档管理主要分为内部管理和外部管理，主要的文档管理标准化如表 5-2 所示。

表 5-2　文档管理标准化

文档管理框架		
内部管理类		外部服务类
业务管理	运营管理	
1. 业务指导	1. 管理制度	1. 报账指南及规定
2. 审核细则	2. 规章制度	2. 通知及公告
3. 工作手册	3. 流程规范	3. 财务小贴士
4. 核算办法	4. 会议纪要	4. 咨询答复邮件
5. 内控规定	……	
6. 业务规范		

（3）文档编制要求

财务共享服务中心员工编制各类文档前，应严格遵循文档框架的类别划分原则，进行准确归类。财务共享服务中心标准化支撑岗，应针对每类文档制定出固定文档模板。财务共享服务中心员工编制各类文档，应使用已经制订的文档模板。对于财务共享服务中心标准化支撑岗应按照企业管理部门要求制定规范的文档编码规则，应该按文档类别分层次编码，实现分类保管，以便查找。财务共享服务中心员工编制完成文档后，应严格按照编码规则对文档进行编码。

（4）文档发布管理

文档发布流程如图5-3所示。①

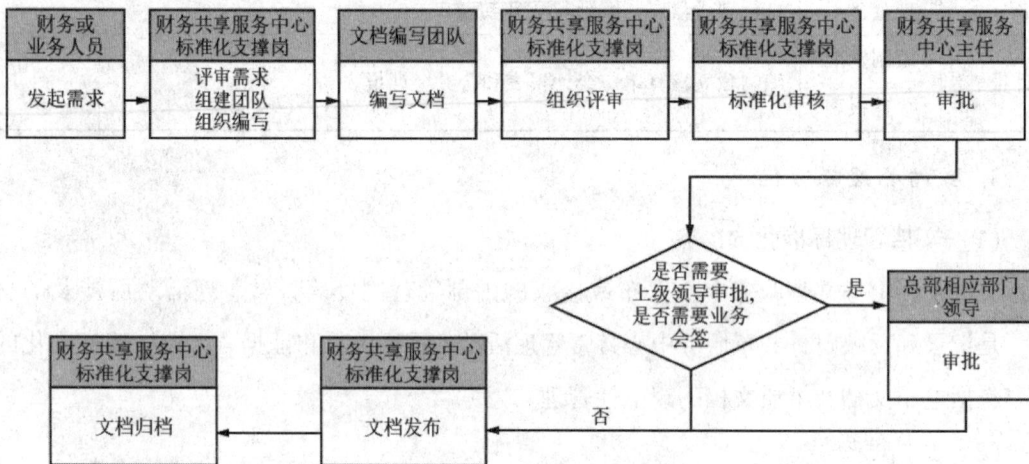

图5-3　文档发布流程

（三）质量管理

财务共享服务中心的质量管理是指保证财务共享服务中心各职能岗位的相关工作达到会计业务处理准确的质量目标所采取的措施的总称。

1. 质量管理组织

财务共享服务中心的质量管理组织由初级质量管理员、中级质量管理员及高级质量管理员构成。其中各业务处理人员作为初级质量管理员，负责对上一级工序进行稽核；各处室处长以及按轮换制度抽取的本处室业务人员作为中级质量管理员对本处室内质量进行稽核；高级质量管理员由稽核岗担任，负责总体质量管理，对财务共享服务中心整体质量进

---

①　田高良. 财务共享理论与实务［M］. 北京：高等教育出版社，2020.

行检测监控。

（1）组织职责

初级质量管理员：财务共享服务中心各业务处理人员既是质量管理对象，又是初级质量管理员，在保证本岗位工作质量的同时，负责管控上一工序工作质量，提供质量检测数据，报送分管部门的负责人。

中级质量管理员：由各处室负责人（或处长）担任，保证本岗位工作质量，并参与上一工序的质量检查，对业务处理人员的工作进行质量复查；进行本处室业务指导和质量管理指导；整理汇总初级质量管理员反馈的质量检测信息。

高级质量管理员：由稽核岗担任，组建质量管理团队；负责质量管理体系的建立和完善；负责质量环境建设规范工作；对初、中级质量管理员的质量管控工作进行指导；组织质量检查工作；按时发布各类质量报告，提供考核依据；督促有关人员对有关问题进行整改，对整改情况进行通报；协助支撑岗组织质量管理培训工作。

（2）工作机制

初级质量管理员在规定时限内按照规定方式将质量检测信息反馈到中级质量管理员；中级质量管理员对反馈的检测质量信息进行整理、汇总后，上报至高级质量管理员；高级质量管理员收到中级质量管理员汇总的检测质量信息后，组织中级质量管理员在反馈的质量检测信息基础上对本处室业务进行复审。

高级质量管理员负责组织对财务共享服务中心的业务质量进行月度质量检测，并根据检测结果编制月度质量报告。质量报告对财务共享服务中心全体成员发布，同时作为业务处理人员的考核依据。

2. 质量目标及评价规范

（1）评价频率

质量管理评价每月进行一次，在当月的规定日前完成上月度的质量评价。季度和年度的质量评价根据每月考核结果进行汇总分析。

（2）评价机制

财务共享服务中心的质量体系按照业务类型设置质量目标、责任人及考核办法，定期进行质量考核。详细见表5-3。

表 5-3　质量目标及评价标准

业务类型	质量目标	责任人	考核办法
扫描 （100分）	1. 保证扫描单据的清晰、不重叠（50分）	扫描岗	扫描影像不清楚或重叠，单据漏扫或夹页，每单扣5分，扣完为止
	2. 发票的合规性、真实性（20分）	扫描岗	发票不符合公司要求的，每单扣2分，扣完为止
	3. 实物单据台账核对（20分）	扫描岗	台账内容未核对，每发现一次扣5分，扣完为止
	4. 影像扫描上传（10分）	扫描岗	单据影像未上传，每单扣5分，扣完为止
归档 （100分）	1. 凭证与凭证附件正确匹配（20分）	归档岗	匹配错误，每单扣5分，扣完为止
	2. 档案装订质量（20分）	归档岗	档案装订错误包括：倒装、缺页、装订错页、分册编号错误等，每单扣5分，扣完为止
	3. 会计档案归档及时性（20分）	归档岗	未及时归档，每发现一次，扣5分，扣完为止
	4. 档案调阅规范（20分）	归档岗	档案调阅未经审批、登记，每单扣5分，扣完为止
	5. 档案安全保管（20分）	归档岗	档案丢失，每单扣10分，扣完为止
审核核算 （100分）	1. 审核报账信息准确（30分）	核算岗	未依照制度正确审核，每单扣5分，扣完为止
	2. 会计核算的科目、金额、币种、期间等正确（30分）	核算岗	核算信息错误，每单扣5分，扣完为止
	3. 原始凭证审核无误（20分）	核算岗	使用不当原始凭证做账，每单扣5分，扣完为止
	4. 其他信息准确无误，包括凭证摘要规范、调整说明等（20分）	核算岗	错误处理，每单业务扣5分，扣完为止

业务类型	质量目标	责任人	考核办法
资金结算（100分）	1. 准确支付：收款方银行账户正确、金额准确、及时处理未成功支付问题（20分）	出纳岗	支付错误，每单扣5分，扣完为止
	2. 收、付款及时准确确认（20分）	出纳岗	未及时准确进行收付款确认，每单扣5分，扣完为止
	3. 现金盘点及时准确（20分）	出纳岗	现金盘点漏盘、错盘，每检测出一次扣5分，扣完为止
	4. 票证、银行回单管理（20分）	出纳岗	票证、银行回单丢失，未及时取银行回单并转交归档岗，每一项扣5分，扣完为止
	5. 按时完成银行对账（20分）	出纳岗	未对账、对账错误、对账错误原因未查明、银行余额调节表编制错误，每检测出一次扣5分，扣完为止
报表（100分）	1. 及时编制报表（30分）	报表编制岗	未按时提交报表的天数，每延迟一天扣10分，扣完为止
	2. 保证报表的信息准确（70分）	报表编制岗	报表信息错误，每检测出一项扣10分，扣完为止

3. 质量检测规范

质量检测工作所覆盖的范围是业务处理的全过程。包括账务处理、审批流程及相关附件单据的真实性、准确性及完整性。质量检测的主要方法为工序检测和分析性检测。

（1）工序检测

工序检测主要是在业务处理整个流程中，下一道工序对上一道工序的检查与监督，并做到检查标准规范、统一，工序检测日常化。工序检测监控点主要有提单、贴票、扫描、核算、复核、付款、归档等，具体监控点的要求见表5-4。

表 5-4　工序质量检测重点

工序检测人	工序检测监控点	质量检测重点
扫描岗	贴票	1. 实物单据粘贴规范
		2. 实物单据完整、真实、合规
		3. 及时提供后补票据（如银行回单、完税证明）
核算岗	提单 贴票	1. 单据影像清晰，符合扫描要求，没有夹单、漏扫现象
		2. 实物单据提供完整，并符合公司相关制度要求
		3. 报销内容符合公司财务制度，报销金额无误
		4. 电子报账单业务类型、辅助项等填写正确
		5. 审批流程完整
		6. 收款确认及时、准确
		7. 系统自动生成的会计凭证分录正确
复核岗	核算	1. 实物单据提供完整，并符合公司相关制度要求
		2. 报销内容符合公司财务制度，报销金额无误
		3. 会计凭证分录正确
出纳岗	复核	1. 付款信息完整准确
归档岗	扫描	1. 实物单据提供完整，符合公司相关制度要求
		2. 实物单据提交及时
稽核岗	提单 贴票 扫描 核算 复核 付款 归档	1. 实物单据提交及时完整，符合公司相关制度要求
		2. 报销内容符合公司财务制度，报销金额无误
		3. 会计凭证分录正确
		4. 审核调整意见填写完整、清晰
		5. 付款信息完整，付款金额准确
		6. 实物单据与会计凭证匹配无误，装订整洁、及时
		7. 会计档案借阅经过审批、登记，并及时归还

（2）分析性检测

分析性检测是通过数据的逻辑性判断检查质量、工序问题，即通过抽样、专项检查、专项统计、专项分析、流程梳理等方法，定期或定向对质量、工序等指标进行逻辑性、合理性、实操性、规范性等方面的检测，通过检测纠正偏差，完善质量体系和工序，并查找偏差的原因，以保证核算工作的质量和时效。

分析性检测基本原则性要求以定期分析检测为主，定向分析检测为辅。检测程序规范、标准统一，并按时按质完成。一般来讲，分析性检测由中级质量管理员通过对会计核算、报告管理、资金结算、档案管理、运营支撑等工作的数据分析和工序的逻辑性判断，检查其是否符合质量规范的要求。分析性检测可分为定期检测和定向检测。

4. 质量报告规范

质量报告包括月度质量报告、季度质量报告、年度质量报告以及定向检测报告。一般来说，质量报告由稽核岗负责编制，主要的类别和周期包括：

（1）月度质量报告，是指通过月度检测，对各处室、每个工序检测监控点每月质量情况进行总结分析的质量报告，每月发布一次，在次月规定日期前发布上月度质量报告。

（2）季度质量报告，是指通过季度检测，对各处室、每个工序检测监控点每季度质量情况进行总结分析的质量报告，每季度发布一次，在季度结束后的次月规定日期前发布上季度质量报告。

（3）年度质量报告，是指对年度质量控制工作实施情况进行总结，明确次年质量控制工作目标和任务的报告。每年发布一次。在次年1月规定日期前发布上年度质量报告。

（4）定向检测报告，是指对特定工序或质量指标进行的定期或不定期的定向检测，检测结果形成检测报告。每做一次定向检测发布一次定向检测报告，应在检测完成后一周内完成。

质量报告根据管理层次、权限和发布对象的不同而进行发布，发布流程一般是由报告撰写人写好后，报上一级管理者审批，同意后通过公司的合法程序通过 OA 系统、内部邮箱或白板等方式进行发布。

5. 质量环境建设规范

质量环境是指能够影响质量活动产生、存在和发展的一切内外部因素的总和，包括质量管理理念的建立和维护、质量培训、员工质量活动等。质量环境建设主要包括质量管理理念的宣传，质量培训，质量主题活动的开展，质量考核等营造良好质量管理氛围的措施等。质量环境建设程度直接影响到质量检测的各项措施的落实与执行力度。

（1）质量宣传。财务共享服务中心应开展质量宣传，包括质量方针、理念和目标的宣传，提高员工整体素质和共享中心综合管理水平。质量宣传可以通过设计工作现场质量标语并在工作现场张贴、开展主题活动、奖励质量考核优秀的员工等方式来提高质量管理理念，强化质量管理意识。

（2）质量培训。质量培训主要包括新员工培训和在岗员工培训。新员工培训主要作为新员工上岗前培训的重要内容，新员工上岗前应接收质量管理基础知识、质量检测规范等内容的培训；在岗员工培训主要是每月应至少组织一次质量主题的培训，包括质量要求及规范更新的培训。同时，应根据实际情况，对岗位工作未达到质量指标要求的员工进行针对性培训。

（3）质量主题活动。财务共享服务中心应根据实际情况广泛发动员工开展多种形式的质量主题活动，如评选月度、年度质量之星，进行质量经验交流座谈会等，以鼓励员工提出质量建议，改进服务质量，提升质量管理水平。

要想全面做好质量管理，其中一项重要的内容就是质量管理的范围，一般来说，在进行 FSSC 的质量管理前，都会签署服务水平协议（Service-Level Agreement，SLA），以使质量管理更具有针对性。

（四）服务管理

财务共享服务中心的服务管理是指对于财务共享服务中心员工服务工作的服务效果、服务时效、服务态度等的管控与提升过程。

1. 财务共享服务中心的评价体系及改进

（1）财务共享服务中心的评价体系

评价频率。为更好地督促财务共享服务中心员工树立服务意识、提升服务水平，需定期进行服务评价。评价频率分为年度评价和季度评价两种模式。服务满意度年度评价每年度组织一次，在每年1月内完成上年度的服务满意度总体评价；服务满意度季度评价每季度组织一次，在本季度结束后次月规定日期前完成季度服务满意度评价。

评价机制。财务共享服务中心服务满意度评价可采用客户满意度调查以及投诉分析等方法对共享服务中心核算岗、运营支撑岗等业务处理人员的服务水平进行评价。财务共享服务中心的服务满意度调查主要包括五个方面：服务效果、服务时限、服务态度、沟通技巧和服务协作性。

（2）工作质量与服务标准体系的改进措施

财务共享服务中心依据满意度调查，以及投诉结果分析，诊断目前存在的主要问题，针对薄弱环节提出具体的整改与提升措施，主要包括但不限于以下内容：结合满意度调查，对员工普遍反馈满意度较低的服务内容形成改进方案，对财务共享服务中心相关责任人组织相应培训，提升专业技能，有效改进服务水平。加强财务共享服务中心员工服务培训，强化员工服务意识，提升员工沟通技巧与服务能力。对于有效投诉，若被投诉人责任重大，则在绩效考核时有所体现。结合企业出现的新业务、新问题，对现有流程进行梳理，减少不必要流程环节，提高财务共享服务中心工作效率。进一步完善工作质量与服务标准体系，加强考核，促进服务质量提升。

2. 首问责任规范

首问责任制是指财务共享服务中心处理相关业务过程中，首先收到来访、咨询或接待办事的业务处理人员对该事项负责的机制。员工发邮件到公共邮箱询问，公共邮箱的处理人为首问责任人；员工发邮件向多个财务人员询问，邮件的第一个收件人为首问责任人。

（1）首问责任人职责

首问责任人要以认真负责的态度和文明礼貌的用语来接待客户，应尽量在自己能力范围内答复员工询问，如首问责任人不能自行答复，应积极咨询或者转由各支持接口人答复。首问责任人应跟踪员工的询问，在规定时间内予以反馈，并应一直跟踪直至问题关闭。问题关闭是指员工认可其提出的问题已经得到准确的答复。实际问题处理人应将回复邮件发送给首问责任人，由首问责任人负责发送给问题咨询人。内部询问过程邮件，不允许抄送员工。

（2）相关财务人员职责

接到首问责任人转交的问题后，应及时进行处理，保证在规定的时限内反馈答复结果，不能自行答复的重大问题，请示领导后答复。若出现新的业务，形成新的流程，或者原有流程发生了变更、优化，应及时培训财务共享服务中心相关人员，进行知识传输。将问题答复结果通过邮箱发送给首问责任人，再由首问责任人负责发送给问题咨询人。

3. 业务查询及咨询管理规范

财务共享服务中心设置服务支撑岗，将常见问题解答整理汇总并发布。同时，设立公共邮箱，专门接受员工财务共享服务的业务查询及问题咨询，并及时更新发布有关财务共享服务中心财务报账的相关制度、规范、业务指导、员工操作手册等。

（1）公共邮箱管理

公共邮箱是共享服务中心与员工之间的沟通桥梁，是员工就财务报账疑问进行咨询的主要途径。公共邮箱的建立和良好维护对财务共享服务中心的服务满意度提升有重要的作用，同时服务支撑岗通过公共邮箱收集的案例是知识库的重要来源，可对财务共享服务中心业务的处理和改进形成参考和依据。公共邮箱责任人为服务支撑岗，由其负责对邮件进行答复、跟踪、关闭及案例的定期收集。

（2）咨询热线管理

财务共享服务中心设置咨询热线，由服务支撑岗负责接听和答疑，报账人可通过呼叫热线咨询业务办理相关事宜，但能通过咨询邮箱解决的问题应首选邮箱咨询。财务共享服务中心咨询热线服务人员须按照以下要求执行：应熟悉财务共享服务中心岗位职责和工作流程，以专业、熟练的服务应对员工咨询；不属于财务共享服务中心职责范围内的，应向对方说明原因。

（3）案例总结

服务支撑岗根据每周整理的咨询问题，每月月末进行案例总结，形成案例库，可根据案例库制作小贴士发送给公司全体员工。对于一些特殊问题整理形成案例后在财务共享服务中心内部进行分享，并可作为财务共享服务中心新员工培训、岗位技能培训等培训课件素材积累。

（4）投诉处理流程

投诉可分为以下两类。①有效投诉：投诉内容详细；投诉理由充分，并经财务共享服务中心核查属实。②无效投诉：投诉理由不充分，依据不完整，且经过财务共享服务中心核查确认被投诉事项与财务共享服务中心业务处理人员无关。投诉处理依据投诉处理流程（图5-4）和投诉级别（表5-5）进行处理①。

投诉处理流程

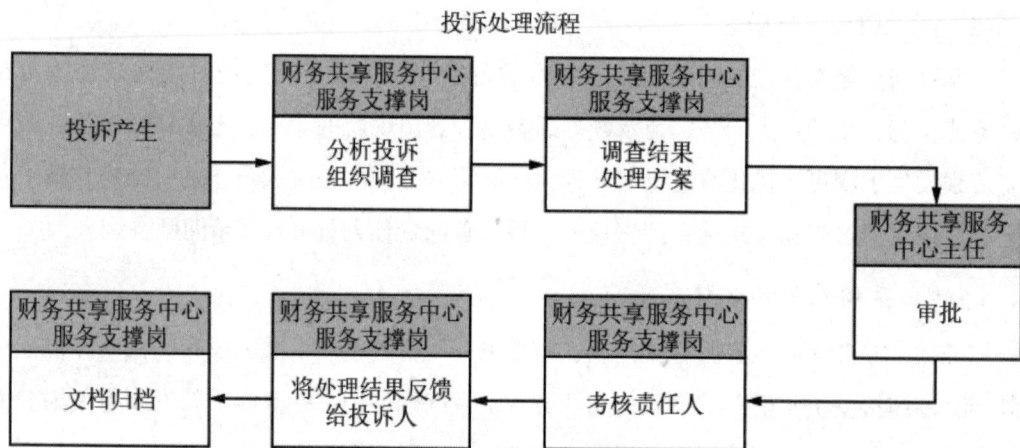

图5-4　投诉处理流程

表5-5　投诉级别表

投诉等级	判别标准
一般投诉	由于工作态度、工作效率引起的投诉
	投诉人是部门经理级别以下的常规投诉
重要投诉	投诉人是部门经理（含）级别以上的投诉
	二次投诉或重复投诉
	对投诉处理结果不满意，继续投诉
重大投诉	由于财务共享中心业务处理人员舞弊、越权操作等违反职业规范的行为引起的投诉

① 田高良. 财务共享理论与实务［M］. 北京：高等教育出版社，2020.

4. 客户沟通管理规范

（1）时效要求。财务共享服务中心服务支撑岗应重点关注时效要求，及时答复、反馈员工咨询的问题。当员工通过公共邮箱进行业务咨询时，财务共享服务中心服务支撑岗应在规定时间内处理、回复邮件，对于超出解答能力须要获取相关接口人支持，另行获取答案后再答复的，也需一并遵循此时效要求。当员工通过电话进行业务咨询时，首问责任人（包括财务业务人员和服务支撑岗）在正常情况下应实时回复，对于超出解答能力须转交其他相关人员回复的问题，应该予以跟踪关注直到完成答复，此答复时间应不超过 24 小时。

（2）质量要求。基本要求为答复准确、内容详细、依据充分。问题答复要严格参照内控制度、报账规定、核算办法等公司规章制度所明确的相关要求进行解释。问题答复使用礼貌用语，亲切自然，大方得体。要做到标准统一，不能出现"同一问题、不同解释"的情况。

（3）特殊要求。无法明确答复的问题，不能随意自行答复，应与相关业务支撑人员或上级主管人员一起确定回复标准后进行答复。

（4）保密性要求。服务人员对于沟通过程中获取到的可能涉密的内容，需要遵循保密性原则，不得随意泄密。财务共享服务中心服务支撑岗在接受客户咨询时，应严格遵循保密要求，回复的内容仅限在客户应当知晓的信息范围内。

5. 满意度管理规范

（1）年度满意度调查。财务共享服务中心服务支撑岗每年度在公司范围内发送服务满意度调查问卷，就服务效果、服务时效、服务态度等指标对整体服务水平开展满意度调查，在次年规定日期之前，服务支撑岗分析调查结果，以《年度客户满意度报表》的形式输出上年度满意度调查结果。

（2）季度满意度调查。财务共享服务中心服务支撑岗每季度对当季曾接受财务共享服务中心服务的员工发送季度满意度调查问卷，对员工的满意度进行调查，在次季度规定日期之前，服务支撑岗分析调查结果，以《季度客户满意度报表》的形式输出季度满意度调查结果。

（3）其他满意度调查。对于某些临时性满意度调查需求，如需要进行某项工作改进之前进行的调查，由服务支撑岗负责在规定的时限内组织设计相关的服务满意度调查问卷，并以《××满意度报表》的形式输出满意度调查结果，并对调查结果进行汇总分析。

（五）培训管理

培训管理是企业人力资源管理体系的重要组成部分。财务共享服务中心的培训管理是对人员进行培训所做的管理。现代企业之间、行业之间以及行业内部之间的竞争，归根结底是人力资源的竞争，其核心是人才的竞争。有效的培训管理将使财务共享服务中心的员工在知识、技能、态度上不断提高，最大限度地使员工的职能与现任或预期的职能相匹配，进而提高工作绩效。培训管理主要包括：培训管理组织、培训方式、培训要求、培训管理规范、培训工作基本流程和培训效果评估六部分内容。

1. 培训管理组织

（1）培训管理组织结构

在集团管控下的财务共享服务中心培训管理，应该由公司级、部室级及财务共享服务中心内部共三个层级组成，其中公司级培训由人力资源部统筹管理，部室级培训由财务部培训负责人统筹管理，财务共享服务中心内部培训由财务共享服务中心培训管理团队统筹管理。

财务共享服务中心应建立完善的培训管理团队，以支撑财务共享服务中心培训工作的开展。培训管理团队是推动培训工作有序开展的关键因素，团队中应包含的角色包括财务共享服务中心一级培训负责人、二级培训负责人。此外，课程开发团队与培训讲师团队由培训支撑岗组织，由各业务处处长和财务共享服务中心骨干员工组建。

培训支撑岗负责财务共享服务中心的整体培训体系建设、培训方案设计、培训预算编制、培训策划、资源调配，以及培训团队管理、讲师管理、培训档案汇总整理及归档、上报等，对二级培训负责人有培训业务上的指导权。二级培训负责人负责具体培训活动的实施、组织等，同时有向培训支撑岗反馈培训需求的责任。财务共享服务中心员工应积极主动配合并参与培训课程，同时对培训方案有建议权，可提出相关培训需求与管理建议。

（2）培训管理组织职责

培训支撑岗负责培训制度的建立与修订；负责财务共享服务中心培训方案的设计，培训计划的制订及上报；负责培训的组织实施；负责落实培训场地；负责指导二级培训负责人开展培训业务；负责培训档案管理及上报；负责培训效果评估；负责培训总结；负责培训答疑；负责与培训讲师沟通。二级培训负责人负责收集及编制员工培训需求；负责实施培训具体工作；负责参加培训员工的出勤管理；负责培训总结；负责培训答疑。

2. 培训方式

为做好培训的体系化建设，达到更好的培训效果，财务共享服务中心培训的开展采用多种培训方式相结合的培训模式。培训方式具体包括：内部培训（内部讲师培训、在岗培训）、委外培训（外派培训、外聘培训）、自我培训（知识库学习、职称考试、学历自考、专业考试）。

（1）内部培训。内部培训包括内部讲师培训和在岗培训，主要有集中教学、研讨会、以师带徒等学习形式。内部讲师培训主要由具备一定专业技能和宣讲技能的财务共享服务中心的各处室处长及骨干员工组成，较适用于工作技能和专业知识方面的培训需求，包括岗位技能培训、沟通技巧培训等。在岗培训是与正常工作融合在一起的学习活动，如以师带徒、轮岗等，在岗培训是最重要、最有效、最直接的培训方式，较适用于新员工入职培训及岗位技能培训等。

（2）委外培训。委外培训包括外聘培训和外派培训，主要有公开课、专项培训、出国考察或培训等形式。外聘培训主要指请到外部专家和专业培训讲师，或直接引进课程开展的培训，较适用于内部讲师资源无法满足需求的情况，如项目性培训、职业素质类培训等。外派培训是指由财务共享服务中心派出人员到公司以外的有关机构进行的培训，此类培训形式相对较少，一般属于专题性的学习和有针对性的问题解决性学习。

（3）自我培训。自我培训是指财务共享服务中心员工为提高自身素质和业务能力、制订自学计划，自行参与的知识培训。主要通过自学网络课程、知识库、参与社会认可的专业考试等方式进行。网络课程包括财务共享服务中心开发及外部引入的课程，为员工提供随时随地学习的平台，适用于员工长期自学使用。知识库主要包含财务共享服务中心内部知识，包括会计法规、业务知识、系统操作技能、员工工作心得分享等，是财务共享服务中心的强大知识平台，便于员工交流分享，传输知识等使用。社会认可的专业考试包括学历自考、职称考试、注册会计师考试、注册税务师考试等。

3. 培训要求

（1）培训考勤。培训需要严格进行考勤，因故不能正常参加培训时必须向培训支撑岗及二级培训负责人请假，由培训支撑岗进行记录。无故缺勤人员在《培训记录表》上进行记录存档，作为后续个人考核、认证评级的参考指标。

（2）培训纪律。参加培训的学员需准时到达，并进行培训签到，不得迟到或早退，如迟到早退，需与培训支撑岗及二级培训负责人申请并记录，无故迟到或早退的须由培训支撑岗记录存档。在培训过程中需要注意现场纪律，不得大声喧哗，手机需要关闭或置于静音状态。

（3）培训效果评估。参加培训的学员需根据培训要求，及时进行培训考试或输出学习心得汇报等。员工的培训评价和相关信息计入员工个人培训档案。讲师授课必须提前充分准备授课内容，并于授课前一天将课件（不涉及保密资料）发送给授课学员。对于进行后期培训考试的课程，授课内容须包含相关考核要点。

4. 培训管理规范

（1）培训计划

培训计划主要包括：①年度培训计划。财务共享服务中心培训支撑岗在培训需求分析的基础上，应在每年 12 月月底前制订下一年度的《财务共享服务中心部室年度培训计划》，并交至财务部培训负责人，由其汇总并编制整个财务共享服务中心的《年度培训计划》，经财务部经理审批后，报公司人力资源部。②月度培训计划。培训支撑岗根据年度计划及培训需求，每月月底前编定下一月度的《月度财务共享服务中心培训计划》，经财务共享服务中心主任审批后，发送财务共享服务中心全体员工。③临时培训和例会培训，需由培训支撑岗填写《培训记录表》，待财务共享服务中心主任审批后实施，并留存备查。每周培训支撑岗负责组织开展财务共享服务中心主任、各处室处长、运营管理处相关人员参与的周例会，就业务或者工作进行安排或培训。

（2）培训主要内容

财务共享服务中心的培训内容主要包括：专业知识培训、岗位技能培训、业务制度培训、管理制度培训、通用技能培训及职业素质培训。其详细内容如下：①专业知识培训。专业知识培训是指针对财务共享服务中心员工应知应会的专业知识所开展的培训，如成本核算培训、税务知识培训、会计报表编制培训等。②岗位技能培训。岗位技能培训是指针对财务共享服务中心员工不同专业化岗位的任职要求和技能提升所开展的培训，如电子报账系统操作培训、电子影像系统操作培训、银企互联系统操作培训，及浪潮核算系统操作培训等。③业务制度培训。业务制度培训是指针对财务共享服务中心员工不同业务需求，所进行的相关业务制度的培训，如费用报销管理办法、资金管理办法、发票管理办法、固定资产管理办法、合同管理办法、物资采购管理办法等。④管理制度培训。管理制度培训是指针对财务共享服务中心所有员工进行的财务共享服务中心及公司管理制度的培训，如时效管理办法、质量管理办法、服务管理办法等。⑤通用技能培训。通用技能培训是指提升财务共享服务中心员工通用技能及工作能力的培训，如 Office 办公软件使用培训、服务与沟通技巧培训等。⑥职业素质培训。职业素质培训是指提升财务共享服务中心员工职业素质及管理技能的培训，如领导力培训、流程培训、时间管理培训等。

（3）培训课程体系

财务共享服务中心培训课程体系主要分为公司级培训课程、部室级培训课程及财务共享服务中心内部培训课程。公司级及部室级培训课程由人力资源部和财务部培训负责人管理安排，财务共享服务中心内部培训课程由培训支撑岗管理安排。

5. 培训工作基本流程

培训工作基本流程主要包括收集培训需求、制定培训计划、确认沟通等环节，具体见图 5-5。[①]

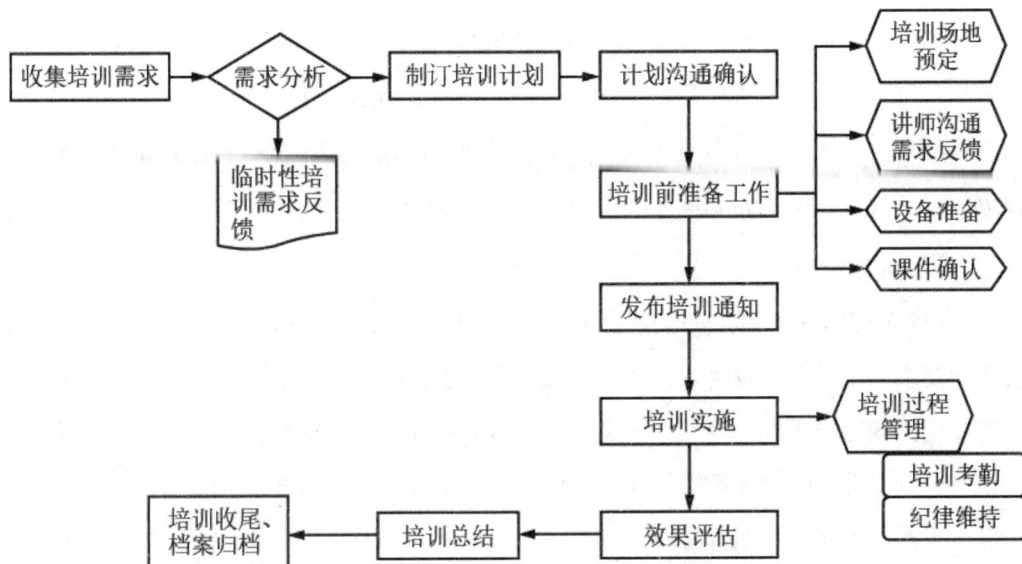

图 5-5　财务共享服务中心培训工作基本流程

6. 培训效果评估

培训结束后，培训支撑岗需结合培训课程的具体内容和形式，对纳入财务共享服务中心年度培训计划的培训课程进行培训效果评估，并进行记录。效果评估可通过考试、实操考核、心得体会等方式进行。财务共享服务中心新员工入职培训、相关岗位技能操作培训等可通过考试、实操考核的方法进行效果测评，考试结果形成培训档案，作为财务共享服务中心员工个人考核、认证评级的关键参考指标。职业素质类、管理类培训等不便于考试测评的培训课程，可以采用学习心得汇报等方式检验培训的效果并进行学习分享。

（六）现场 5S 管理

现场管理就是指用科学的管理制度、标准和方法对生产现场各生产要素，包括人工、机械、材料、方法、环境、信息等进行合理有效的计划、组织、协调、控制和检测，使其处于良好的结合状态，使人流、物流、信息流畅通有序。目前现场管理使用最为广泛的就是现场 5S 管理方法。

---

① 　田高良. 财务共享理论与实务 ［M］. 北京：高等教育出版社，2020.

5S 是指整理（SEIRI）、整顿（SEITON）、清扫（SEISO）、清洁（SEIKETSU）、素养（SHITSUKE）五个项目，因均为"S"开头，所以简称为 5S。开展以整理、整顿、清扫、清洁和素养为内容的活动，称为"5S"活动。其中整理是将工作场所任何东西区分为必要的与不必要的，把必要的东西与不必要的东西明确地、严格地区分开来，不必要的东西要尽快处理掉；整顿是对整理之后留在现场的必要的物品分门别类放置，排列整齐，明确数量，并进行有效的标识；清扫是将工作场所清扫干净，保持工作场所干净、亮丽的环境；清洁是将整理、整顿、清扫实施的做法制度化、规范化，并贯彻执行及维持结果；素养是每位成员遵守规章制度，养成良好的习惯。

1. 办公区域的 5S 管理

办公区域的 5S 管理主要包括三个方面：①办公区的整理与整顿要求。主要包括个人办公桌面要求、个人办公位要求、公用区域要求、文件柜要求。②办公区的清扫与清洁要求。主要包括规定个人办公位、办公桌面清扫清洁责任，公共区域的清扫与清洁要求，同时保证办公设备无故障，无污迹、灰尘，网线、电话线、电源线布局合理，固定得当等要求。③员工素养要求。主要包括员工着装整洁、大方、得体等要求，同样规定在重要会议、仪式、活动以及商务接待期间着装统一、规范等制度规定。

2. 管理小组

财务共享服务中心应设立 5S 管理小组，运营管理负责人为 5S 管理责任人且担任管理小组组长，成员若干名，由财务共享服务中心其他部门员工轮流担任。

（1）5S 管理小组组长职责。负责牵头财务共享服务中心 5S 实施过程中的各项工作，如组织制定各项 5S 管理规范、奖罚制度；5S 管理活动的组织、策划、实施、检查、评比公布、改进等；对员工进行 5S 基本知识及 5S 规范的培训，推动 5S 的顺利进展；其他与 5S 有关的活动事务。

（2）5S 管理小组组员职责。负责具体落实 5S 实施过程中的各项工作，如实施、检查、评比、督促与改善跟进等。对 5S 日常执行情况进行监督、检查。提醒员工在上班期间遵守 5S 管理条例，督促员工在下班前整理好个人物品，如有违反并不听劝告者，应对照《5S 管理检查表》予以扣分并向 5S 管理小组组长汇报责任人 5S 的检查结果。

3. 管理的监督与考核

5S 管理小组每月对财务共享服务中心办公区域进行一次 5S 检查，并定期将检查结果进行公布，严重 5S 违规事件将在财务共享服务中心内部对当事人进行通报批评。财务共享服务中心公共区域由各处室员工轮流负责，责任期间检查不合格扣减责任人 5S 得分。

公共区域包括公用打印机、公用复印机、公用电脑、办公室内走廊及无工作人员办公位。财务共享服务中心全体员工都应遵从和配合 5S 管理及考核。

（七）时效管理

财务共享服务中心的时效管理是指对财务共享服务中心的业务处理时间效率进行管理，主要通过时效及时报表和单据库存及库存报表形式对财务共享服务中心的运营进行管理。时效是指业务处理的时间效率，反映每个流程环节中业务处理所需要的时间。统计及反映各流程环节时效情况的报表即为时效报表。单据库存是指在每个流程节点上的业务量，包括实物单据的数量和系统中的表单数量。统计及反映各流程节点单据库存情况的报表即为库存报表。

1. 时效目标管理

时效目标值是每笔业务从本环节流程发起到本环节流程关闭所用的时间目标值。一般来说，评价频率是每季度进行一次，在每季度结束后次月的规定日期前需完成上季度的时效评价。

2. 时效报表编制

报表编制要求主要包括时间要求和规范要求，其中时效性要求一般是报表每季度发布一次，绩效支撑岗每季度结束后的次月规定日期前从电子报账系统导出上季度时效数据，从相关人员处获取手工时效数据，进行分析处理及总结后，编制完成时效报表，并在当日下班前将报表提交至运营管理处处长复核后，报财务共享服务中心主任审批，审批通过后一个工作日内由绩效支撑岗发布。

规范性要求则是报表编制内容必须准确完整、真实可靠，采用统一的报表模板，在保证质量的前提下，在规定时间内完成编制并如期报送。

3. 单据库存管理

（1）单据库存目标管理。库存是统计集中核算流程中单据在各个环节的积压情况，表中目标值指每天各账龄段内积压单据数占当天总积压单数的比例。

（2）库存报表编制。报表编制要求主要包括时间要求和规范性要求，其中时间要求是库存报表每天发布一次，要求绩效支撑岗每天上午将相关库存数据导出，并且编制库存报表，报送运营管理负责人，经运营管理负责人审批后发布。

（八）知识管理

知识分为隐性知识和显性知识。隐性知识是指高度个性化而且难以格式化的知识，主观的理解、直觉都属于这一类，比如企业员工的经验；显性知识能用文字和数字表达出来，容易以数据的形式交流和共享。

建立一个学习型的组织，并进行有效的知识管理，对组织知识的培育有着十分积极的作用。组织的持续发展离不开知识的掌握和运用，然而在大部分情况下，组织的知识是非体系化的，很多组织内的知识属于"只可意会不可言传"。如果不能实现组织成员掌握的知识在组织内提炼并有效共享，那么富有创造价值的知识将有可能白白地流失掉，这显然不是企业或组织乐意见到的，知识管理就在这种背景下诞生了。

1. 知识管理的内容

知识管理是有目的、有意识地对知识进行管理，促进有用的知识在组织成员中得到流通与优化，形成一套完整的、系统化的知识体系，最终达到提高组织绩效、知识创造价值的作用。而对于财务共享服务中心来说，知识管理就是有意识地将日常所需和形成的知识进行整理，对知识的流动过程加以引导，鼓励组织成员在工作中不断学习与创新，形成信任合作、分享交流的组织文化，从而将财务共享服务中心建设成为知识型组织。

2. 财务共享服务中心的知识管理

财务共享服务中心是一个基于财务业务、从事共享服务的组织。在这种背景下，其知识体系建设的过程将不可避免地受到财务专业知识、服务技能等多种因素的复合影响。在这种情况下，不能简单地将传统财务人员的知识体系或服务行业的知识体系强加于财务共享服务中心，而是要充分考虑其复合影响的结果。

（1）知识管理组织

通常情况下，我们可以考虑在整个财务共享服务中心设立知识管理组织。该组织可分为推动层、支撑层和执行层。

推动层通常分为财务共享服务中心的管理层，他们在知识管理中的作用主要是推动知识管理的落实，使财务共享服务中心自上而下形成推动知识管理的环境和氛围。尽管推动层在整个知识管理过程中的工作量不是很大，但却能起到决定性的作用。

支撑层是知识管理组织中的核心，他们以全职的身份投入知识管理工作中。支撑层根据财务共享服务中心的规模设置具体人数，通常情况下，一个全职的知识管理经理是必要的。支撑层的知识经理负责进行整个知识体系的设计及实施，并在整个知识管理组织中起到承上启下的作用。

知识管理组织中的执行层通常情况下是各项目中的人员兼职的。知识管理是对财务共享服务中心中每个员工实施的。脱离了和每个员工息息相关的基层环境，知识管理最终将无法落到实处。因此，从每个项目中选拔基层知识经理作为知识管理组织的执行层，对知识管理的推动将起到积极的作用。执行层的知识经理负责将上层知识经过任务分解执行，并和项目中的成员充分沟通，使大家能够从心里认同和接受。

建立三级层次的知识管理对于财务共享服务中心知识体系的建设有着极其重要的意义，一个有力的组织形式必能为后期的工作打下坚实的基础。

（2）知识分享的文化和价值观

要在财务共享服务中心内建立起知识型组织文化，首先要建立信任与合作的文化，使财务共享服务中心的员工之间能够互相学习，形成良好的互动，打通成员间的知识流通渠道；要营造尊重知识和鼓励创新的组织文化，鼓励员工持续保持学习状态，在丰富有关知识的基础上推动知识的创新。

（3）专家网络

成立专家网络，专家可以从外界引入，如研究领域与财务共享服务有关的高校科研人员，从事财务共享服务领域的专家学者、咨询顾问等；也可以从内部产生，如财务共享服务中心经验丰富的业务骨干等。专家网络的运行就是通过对专家的显性知识的管理，以及专家利用系统进行协同工作，来实现专家知识的有效利用和知识创新。专家对于各类疑难问题的解答可以成为日后同类问题参考的案例，甚至进入知识库。同时专家还可以对财务共享服务中心的知识进行梳理和升华，构建专业的知识体系，帮助财务共享服务中心的知识实现互联互通。

（4）知识库

重点在于"知识数据库"的建立，即筛选、分析财务共享服务中心的内部数据、文件、档案，进而融合成可用的知识，并储存于财务共享服务中心内部的数据库中。通过将内部知识系统化，使得财务共享服务中心中每一位成员都能轻易地从数据库中获取所需要的知识。员工通过正式渠道，诸如正式的会议、正式的教育训练、公布栏等，分享或传递系统化知识。知识数据库是个人知识的汇总，是个人隐性知识的外显化。

（5）对外沟通

对外沟通是财务共享服务中心综合提升知识水平的一个有效途径。目前在国内，财务共享服务的概念刚刚起步，很多企业尚在探索之中，因此，企业之间、企业与学者、咨询顾问之间的一些交流有利于各企业扩大视野，了解到行业的最新动态并学习其他同行的技术知识。对外联络可以通过参加会议、相互邀请访问的方式进行。相互邀请访问是一个好途径，通过互访能够在现场感受对方的管理方法和经验，能够迅速地提升自己的业务能力。

（6）知识贡献度管理

知识贡献度管理是推动和评测员工对财务共享服务中心的知识建设贡献程度的管理方法。知识贡献度体现了财务共享服务中心内员工是否乐于分享自己的知识，管理层是否乐于营造知识分享的氛围。一个具有高知识贡献度的财务共享服务中心，所有的员工会积极地将自己学习到的新知识与组织内的其他成员分享，从而形成乘数效应，有助于员工将自己掌握的隐性知识总结、概括而实现外显化。知识经理一方面推动营造知识贡献的环境，另一方面则要经常性评价组织的贡献度水平以积极作出调整。

三、财务共享服务中心的运营优化

（一）财务共享服务中心运营优化目标

公司财务共享服务中心的运营优化目标以服务与价值创造为核心，将财务核算流程、业务流程和信息系统进行有机融合，在规范处理、标准统一和信息准确等前提下，为公司经营决策提供有效支撑，以达到提升服务质量、提供高附加值的财务管理服务、提高信息质量的目的。

目标一：提升服务质量。通过对业务流程进行优化处理，提高业务处理的质量和速度。同时依托信息化平台，实现规范化、标准化、集约化，实现财务、业务相关信息的一次性处理和实时共享。建立批量、自动化处理的标准化工作流程，将规范的流程固化在各环节关键控制点上，减少人为干预，实现提高服务效率，提升客户满意度。

目标二：提供高附加值的财务管理服务。在财务共享服务中心实现了基础的交易处理服务后，运营目标将集中在价值增值服务上。例如，提供更准确的财务报告、提高流程的自动化、缩短核算链条等，这样可以更好地服务公司的核心业务发展，使管理层有更多的时间用于实际分析和决策制定。因此，在日常工作中，除了高效的交易处理，价值增值服务的挖掘也非常重要。

目标三：为公司经营决策提供全方位、多维度的财务信息。在财务共享服务模式下，财务的核算工作和财务的管理工作能得到有效的分离。通过这种专业化分工，公司的管理会计能更好地实现资源调配，根据财务共享服务中心的基础数据提炼出全方位、多维度的财务信息，做好决策支持的角色。

（二）财务共享服务中心运营管理优化原则

公司各业务流程的标准化是财务共享的基石，现代化的信息系统是财务共享的重要手段，合理的组织结构和人力资源是保障。随着外部环境和公司的不断发展、变化，公司需要根据战略规划及时调整财务共享服务模式的运营方案，不断优化财务共享管理体系。运营管理过程中要妥善处理各方面的关系，坚持以下原则。

1. 成本效益原则

当信息系统和各业务流程发生变更时，财务共享服务中心应以提高效益、降低成本为原则确定变更方案。首先让那些能有效提高资产及资金安全性、能改善财务流程效率和提升自动化水平的方案得以实施。优化方案确定后，还应对其进行风险评估和严格的验收测试。

2. 适应性原则

财务共享服务中心的运营管理优化过程涉及面广、难度高，优化过程要根据公司财务管理的发展趋势和公司实际情况，精心组织和设计公司的优化方案，分阶段循序渐进地实施，使优化方案能够与公司整体发展趋势充分融合，充分考虑公司的规模、管理方式和信息系统支撑能力，高度重视对原有管理体制的影响，灵活地实现最终优化目标，最终形成适合公司战略规划的财务共享服务模式。

3. 数据集中与标准集中的原则

通过对财务共享服务中心的运营管理进行优化，实现全公司范围内财务数据的归口和统一，利用信息化系统的高自动化和整合度来提高各业务流程的处理和财务信息资源共享效率，充分利用财务共享模式来提高公司财务核算和管理的效率。

（三）财务共享服务中心自身的运营优化改进策略

对于财务共享服务中心在运营管理上的优化，应该根据企业集团自身治理模式的不同来做好财务共享服务中心的整体规划以及流程设计，重点有以下几点。

1. 优化财务共享服务中心在框架上的设计规划

促进财务共享服务中心内部的规范有序运转，应该对整个共享服务体系进行科学的规划设计。在财务共享的模式定位方面，可以采取作为企业集团财务部门的隶属机构，或者与财务部门平级，减少管理层级，更充分地发挥财务共享的应用价值，提高集团内部财务共享服务的覆盖范围以及管控工作力度。在具体的架构规划设计方面，应该结合企业集团管理的实际情况来构建战略财务模式、业务财务模式以及共享财务统筹模式；其中，战略财务重点是发挥决策配置方面的作用，明确财务共享服务模式下的财务管理目标、财税政策的制定实施、预算管理以及风险监控等，为企业集团战略决策提供支持；业务财务方面应该注重充分发挥成员单位的作用，共同参与到企业集团业务活动的全生命周期的管理，尤其是在资产、资金管理以及财务分析等方面发挥作用；财务共享服务中心则重点发挥共享财务的作用，执行落实企业集团的会计政策，做好对成员单位的会计核算以及资金结算，并对财务共享业务流程进行改进优化，提高财务工作的质量效率。

2. 优化财务共享服务中心内部的业务流程

强化财务共享服务中心的作用发挥，关键应该做好财务共享服务中心业务流程的优化设计。具体来说，应该突出以下几方面：在资金管理业务的优化方面，重点应该强化资金归集业务管理，对企业集团内部各个成员单位以及子公司的资金账户通过财务共享中心进行集中统一管理，并通过财务共享信息平台来完成下属公司的费用报销以及资金支付的审批以及会计支付，开展资金资源的合理调配，提高企业集团内部资金的利用效率；在费用报销流程的优化方面，申请阶段财务共享服务中心可以采取分级授权审批管理机制，按照事项以及预算合理划定财务授权以及审批权限，并通过财务共享服务中心的影像扫描系统等将各类原始凭证等交由财务共享服务中心的资金管理系统进行报销划款并做好电子凭证以及归档处理；在应收账款的流程优化方面，主要是将企业集团内部的各类应收款业务等进行集中统一规范的处理，重点做好销售信息、销售收入信息、发票信息、应收款项信息以及客户对账信息等的集中和统一处理；在应付账款的流程优化方面，主要是由企业集团的业务部门等将采购的合同、发票、入库单等进行集中审核，在确保信息真实无误后通过银企直连等做好付款操作等。

3. 提高财务共享服务中心的信息系统建设工作水平

财务共享的整体运营主要是依赖于信息技术所开展的。

首先，应该建立完善企业集团的财务共享服务平台和数据库，对企业集团内部的所有数据开展标准化的处理，并对财务共享服务数据库的数据真实性、准确性、全面性、安全性等做好审核，尤其是避免信息数据的泄露从而影响企业集团的财务安全。

其次，在财务共享服务信息系统建设方面，应该强化财务平台和业务平台之间的信息共享，尤其是针对预算管理模块、资金运作管理模块、采购管理模块、资产管理模块、业务管理模块、费用报销模块、成本管理模块等不同模块系统之间的信息沟通，确保财务信息数据和业务活动数据之间的沟通交流，确保财务共享服务中心可以及时掌握有关业务活动状况，进而及时改进完善财务决策和业务决策，提高决策效率。

4. 突出加强财务共享服务中心内部的风险管控

财务共享虽然增强了企业集团整体的财务风险管控能力，但同时也增加了财务共享服务中心自身内部的风险隐患，因此应该加强对财务共享服务业务流程中关键点的跟踪管控，尤其是避免业务流程中存在的疏漏等造成企业集团出现业务风险以及财务风险，同时还应该针对财务共享服务体系运行过程中可能出现的业务流程变化导致的风险、业务活动和财务活动分离的风险、信息传递的风险等建立完善的财务风险管控体系，并建立完善的财务共享服务中心内控管理制度以及内部审计制度等，进而通过各种风险防控手段的实施来避免可能出现的各类风险问题。

对于企业集团财务共享中心运营优化管理，应该根据企业集团业务的实际情况优化财务共享服务中心的顶层设计，对财务共享服务中心的业务流程、组织架构、运行制度、系统集成等关键核心内容进行系统的优化以及改进完善，进而实现企业集团财务管理模式的革新提升。

第二节　财务共享服务中心的质量管理

实施财务共享后，业务规模扩大，会计质量成为信用的保证，如何有效控制财务共享业务质量风险，不断提升财务共享服务效率，是财务共享得以持续发展的关键，财务共享中心应该建立和实施全面质量管理体系。

全面质量管理就是一个组织以质量为中心，以全员参与为基础，目的在于通过让客户满意和本组织所有成员及社会受益而达到长期成功的管理途径。全面会计质量管理以质量和效率为目标，贯彻四个"一切"，即：一切为用户着想，一切以预防为主，一切以数据说话，一切工作按 PDCA 循环进行。围绕"建立标准""过程控制""持续改进"三部分工作内容，建立分层质量过程管理机制。分层质量过程管理机制可分为管理层面和作业层面。管理层面通过建立质量管理团队、区域质量管理员，负责标准设计、质量策划、管理推进工作；作业层面以作业员、审核员、质检组为主，作业员按照制定的业务标准进行作业，审核员负责按照制定的业务标准进行审核，质检组负责按照设定的校核点进行后台检查。通过系统控制、审核报告机制、定期质量例会、基础工作检查、内控评估、专项质量稽核等方式确保质量控制目标。

一、质量管理的科学方法——PDCA 循环

PDCA 管理循环又叫"质量环"，最早由现代集团企业管理的奠基者沃特·阿曼德·休哈特在其 1931 年出版的著作《产品生产的质量经济控制》中提出。1950 年，美国著名

质量管理专家——戴明博士在休哈特的质量管理模式基础上对其进一步完善，之后被集团企业用于持续改善产品质量的过程中。

（一）建立标准

P（Plan）：即计划，确定质量目标、建立质量管理体系，提升数据质量：建立以岗位质量责任制为基础的质量管控机制，财务共享中心为各部门和分支机构提供费用和资产业务合规性、合法性审核服务，首先应该明确所提供服务应该达到的标准。服务质量标准包括：及时性、正确性、灵活性。

及时性：即明确达到共享中心单据审核、支付时限，根据业务量在全年不同时间段的分布情况，指定具有弹性工作时限要求。例如，年初和年度中间，单据业务量比较少的情况，到达共享中心单据处理池中的业务，处理时限可适当延长；当年末、季末业务量集中爆发时，前期单据处理及时，就不会出现影响季末、年末财务决算的情况。

正确性：财务共享中心应时刻谨记风险控制要求，所提供的服务应根据国家财税法规和内部财务管理制度，确保内部财务事项管理合规、合法。要达到正确性标准，需要工作人员掌握内部规章制度，对外部财税法规有相当了解，并时刻关注规章制度和政策环境的更新和变化。

灵活性：财务支出必须保证对制度的遵从性，但实际中因为业务活动的多样性和经营管理活动的特殊性，内部财务事项也不能保证在所有方面满足标准化要求。因此，财务共享中心提供服务时，在及时性要求下，灵活性和准确性会存在一定的矛盾和冲突。在处理具体业务过程中，不能刻板地理解准确性要求，应该在综合考虑重要性和整体方向基础上灵活处理，否则财务共享中心的服务工作很可能面临投诉和用户抵制。

除了明确对客户的服务标准外，财务共享中心的内部团队和岗位还担负着监督检查的职责，这一职责的具体工作内容主要是开展账务核对、合规性检查工作，目的在于对日常单据审核作业会计核算结果、财税法规以及其他内外部法规的遵从性，可以看作财务共享中心内部自行发起的对外部服务质量自查工作，对促进服务质量管理，尤其是加强企业财务内控起着重要作用。因此，工作计划中还应明确对账检查的工作标准，参照日常单据审核作业，对工作完成时限、对账检查结果标准及汇报路径等做出明确规定，指导员工履行监督检查职责。

（二）过程控制

D（Do）：即执行，集团企业进行相应计划和布局后，展开具体运作执行计划的内容。

制定服务质量和管理计划、明确服务和管理质量标准后，需要采取科学的具体实施方法来完成计划、达到管理标准。财务共享中心的工作内容包括面向客户单据审核服务以及面向管理者监督检查工作，共同目标都是促进质量达标、提升服务、规避风险。对于工作计划执行层面，应该考虑两种工作类别的特点，具体制定明确的计划实施方案，实施方案主要对计划进行分解，明确责任界限和人员分工，同时采用科学高效的工作方法确保计划实施。

1. 工作任务分配

财务共享中心作业池可以实现与所有业务系统集成，发挥财务共享中心的规模效应，提升工作效率，对财务共享中心接收的工作任务进行统一分配、统一调度，通过派工规则将进入财务共享中心作业池中的任务分配到不同作业岗位，并由作业人员进行处理。

财务共享中心内可以按照业务组管理共享中心人员的任务。业务组负责人通过运营管理平台进行任务查看、分配、调整、取回等操作，同时可以设置提单规则。

提单规则可以按照不同业务进行设置，每种规则中都包含适用此种规则的共享中心业务组，一个业务组只能存在于一个规则中。财务共享中心用户适用的规则为用户所在业务组规则，即：财务共享中心人员提单时是根据所在业务组对应约束来限制。例如，按照财务共享中心定义共享中心人员在操作平台中提取任务时的约束：单次提取任务数及在手任务最大数。

2. 采用科学高效的工作方法

财务共享中心员工按照岗位主要职责划分，可以分为两大类：单据审核人员、综合管理人员。这两类人员日常工作的侧重点不同，如何在有效的工作时间内按时保质地完成工作任务在于是否有科学高效的工作方法。

单据审核人员需要将80%的工作时间分配在单据审核作业中，20%的时间用于开展对账及自查等工作；综合管理人员主要是为单据审核人员提供支持、组织开展监督检查工作，同时还担负着部门内部其他综合性事务工作。总体而言，财务共享中心员工每天的工作任务并非只需要对着电脑进行单据审核，学习培训、定期对账、与客户沟通等工作同样占据员工很大一部分时间。面对庞杂的工作量以及按时保质的工作要求，应该采取恰当的工作任务管理方法，列出工作任务清单，按任务急缓、重要程度对任务进行排列。

紧急程度体现工作任务完成的时限要求，要达到"及时性"质量标准，首先应该确保工作在规定时间内完成；重要程度往往体现工作任务对于维持组织正常运转的支撑性意义，重要工作往往需要花费时间和精力思考筹划，应该提前计划，做好充分准备，才能在规定时限内保质保量地完成。

（三）持续改进

持续改进共包括个两阶段：一个阶段是监督管理；另一个阶段是总结改进。分别对应"PDCA 循环"中"C"环节和"A"环节。

1. C（Check）：检查

按计划执行完毕后，应该对执行效果进行检查恢复，明确对错并找出执行过程中存在的问题，对计划执行结果进行总结。

根据财务共享中心岗位的工作性质，按会计核算层面和公司管控层面进行分类管控 P会计核算层面，由会计复核主管、账套主管、业务组长、中心质量主管和部门主任构成。以财务共享中心内部日常检查为主，不定期专项检查为辅，配合财务部或其他业务部门到各经营单位进行各类实地专项业务检查，防范在财务共享中心实施后，各经营单位经营及财务信息存在失真风险；管控层面则主要通过建立多维度风险监控、预警报表体系来实施。通过对预算均衡、收支配比、关键费用入账均衡性、重点和热点业务动态跟踪、管理制度执行风险、税务风险等方面进行分析，深度挖掘业务数据与财务数据信息，动态识别、分析隐藏在业务数据下的风险，进一步夯实系统基础信息的真实准确性。财务共享中心的质量检查主要是检查各岗位人员是否按照操作规范及操作要求处理作业，加强中心所有员工的质量意识，产出符合质量保证的作业成果。

2. A（Action）：处理

处理"检查"阶段总结的问题，引起管理者和员工重视，同时也包括肯定成功的经验，加以固化和标准，对照最初制订的目标计划梳理解决问题和达成目标情况，没有解决的问题或未达成的目标，则提交到下一个新 PDCA 循环中，作为下一个 P 去解决。

PDCA 循环作为质量管理的基本方法，在集团企业中得到广泛运用，而且效果显著、成本可控，所以可以将 PDCA 循环引入财务共享中心服务质量和内控管理中，从制订计划、实施计划、检查执行结果、对结果进行处理四方面入手，采用过程循环的方式逐步提高共享服务质量，加强组织内控，确保财务共享中心的成长走上一条可靠的上升之路。

二、服务水平协议

服务水平协议（Service Level Agreement，SLA）是在一定开销（通常这个开销是驱动提供服务质量的主要因素）下，为了保障服务性能和可靠性，服务提供商与用户间或者服务提供商之间定义的一种双方认可的协定，财务共享中心设立服务水平协议的目的主要是：通过签订《服务水平协议》，明确财务共享中心与内部客户间（包括业务部门和财务部门）的权利以及承诺，使所有职责落实到每个具体责任人和责任实体。

为了满足客户的需求和期望，与外部客户或者集团企业内部部门之间所设定的服务水平协议，保证了财务共享中心提供的服务能达到客户和最终用户的期望。服务水平协议是服务关系管理中很重要的组成部分，是财务共享中心运作的"逻辑平台"。财务共享中心运作前，首先必须明确客户期望值，并使其提供的服务与客户期望值之间保持一致。客户期望与需求固然重要，但是为了避免客户与财务共享中心之间存在期望差距，服务水平协议可以看作一项有效管理客户期望的实用工具。服务水平协议将定义服务范围、成本和质量，并将它们书面化。服务水平协议应被作为在组织内部对管理职责进行授权、降低成本和改进管理信息等方案的一部分来使用。

衡量一个服务水平协议的设计是否成功，应从以下几方面进行考虑：第一，是否有给予财务共享中心在管理上更多自由空间的授权框架，使得财务共享中心能够在提高效率和加快客户需求响应速度方面使用创新方法。第二，是否有用于资源使用和评估的信息系统，基于活动成本计算方法将更精确地获取非经营活动的真实成本。第三，是否涉及服务提供方和接受方有关文化上的变革方案，服务提供方需要学习如何以客户需求为导向的理念，服务接受方需要学习如何处理与服务提供方的关系以获得最佳服务。

在实际运作过程中，并不一定都以正式形式形成服务水平协议，只要上述关键内容能够达成一致即实现预期效果。备忘形式也往往可以起到同样效果。

第三节　财务共享服务中心的绩效评价

绩效评价是指运用一定的评价方法、量化指标及评价标准，对企业为实现其职能所确定的绩效目标的实现程度，以及为实现这一目标所安排预算的执行结果所进行的综合性评价。绩效评价的过程就是将员工的实际工作绩效同要求其达到的工作绩效标准进行比对的过程。绩效管理是用于监控和管理组织绩效的方法、准则、过程和系统的整体组合，它涉及组织管理和运营的方方面面，并以整体一致的形式表现出来。绩效管理强调组织目标和个人目标的一致性，强调组织和个人同步成长，形成"多赢"局面。

一、财务共享服务中心绩效考核概述

财务共享服务中心进行考核是为了建立健全财务共享服务中心激励约束机制，完善财务共享服务中心的考核管理体系，提高部门及员工责任和服务意识，调动部门及员工积极性、主动性。因此，对于集团管控型的集团公司来说，财务共享服务中心的绩效考核就是企业从其战略与目标、财务和非财务、短期和长期、内外部之间、企业层和业务层等方面全面地进行绩效评价，以考核财务共享服务中心实现集团公司为其制定的战略目标和经营目标的程度与水平。

（一）绩效考核的概念和作用

绩效考核（Performance Assessment）是企业绩效管理中不容忽视的关键环节。考核人依据绩效要求和工作目标，利用科学的考核办法来评估个体的工作职责实践程度、任务完成状况和发展情况，最终将结果反馈给员工。

绩效考核起源于英国的文官制度，当时的文官升迁主要取决于个体的履历，从而导致工作不分高低，所有人统统加薪晋级，最终导致机构人员过多、僧多粥少、效率低下。1854—1870 年，英国开始对此进行改革，每年对人进行逐项的考核，这样官员的奖励与晋升与否取决于考核的结果。这种方法的使用，不仅让政府行政管理变得更加科学和客观，而且还能激发官员的积极性，从很大程度上增强了政府的廉洁与效能，也为别的国家提供了重要的参考价值。此后，其他国家学习并模仿，开始建立各个国家的考核制度。这些考核制度把工作绩效作为考核最重要的内容，结合能力、品德等进行全方位考察，并根据工作绩效的高低最终决定官员的奖惩和晋升。因此，绩效考核在现代管理中发挥着积极的作用。对于财务共享服务中心，绩效考核的作用主要表现在以下几个方面。

第一，有助于目标的实现。绩效考核本质上是一种过程管理，而不是仅仅对结果的考核。它是将中长期的目标分解成年度、季度、月度指标，不断督促员工实现、完成的过程，有效的绩效考核能帮助财务共享服务中心达成集团或者本中心的战略目标。

第二，便于挖掘财务共享服务中心问题。绩效考核是一个不断制订计划、执行、检查、处理的 PDCA 循环过程，体现在整个绩效管理环节，包括绩效目标设定、绩效要求达成、绩效实施修正、绩效面谈、绩效改进、再制定目标的循环，这也是一个不断发现问题、改进问题的过程。

第三，有益于财务共享服务中心分配利益。与利益不挂钩的考核是没有意义的，员工的工资一般都会分为两个部分：固定工资和绩效工资。绩效工资的分配与员工的绩效考核得分息息相关，因此，在财务共享服务中心实行绩效考核有益于分配利益，也是利益分析的主要依据，使利益分配更加科学。

第四，有利于促进财务共享服务中心的成长。绩效考核的最终目的并不是单纯地进行利益分配，而是促进财务共享服务中心与员工的共同成长。通过考核发现问题、改进问题，找到差距进行提升，最后达到"双赢"。绩效考核的应用重点在于薪酬和绩效的结合上。薪酬与绩效在人力资源管理中，是两个密不可分的环节。在设定薪酬时，一般已将薪酬分解为固定工资和绩效工资，绩效工资正是通过绩效予以体现，而对员工进行绩效考核也必须要表现在薪酬上，否则绩效和薪酬都失去了激励的作用。

第五，便于加强对财务共享服务中心的员工激励。通过绩效考核，把员工聘用、职务升降、培训发展、劳动薪酬相结合，企业激励机制得到充分运用，有利于企业的健康发展；对员工本人，也便于建立不断自我激励的心理模式。

（二）绩效考核分类

根据财务共享服务中心的绩效考核特点，结合实际工作，可将考核根据不同的划分标准进行分类，一般可根据时间、主体、形式和内容进行分类，而在实际的工作中，一般也会采用几种考核形式的综合运用。

1. 根据绩效考核的时间进行分类

根据绩效考核的时间不同，可分为日常考核和定期考核：①日常考核是指对被考核者的出勤情况、产量和质量实绩、平时的工作行为所作的经常性考核；②定期考核是指按照一定的固定周期所进行的考核，如年度考核、季度考核等。

2. 根据绩效考核的主体进行分类

根据绩效考核的主体不同，可分为主管考核、自我考核、同事考核、下属考核和顾客考核。

（1）主管考核。主管考核是指上级主管对下属员工的考核，这种由上而下的考核，由于考核的主体是主管领导，所以能较准确地反映被考核者的实际状况，也能消除被考核者心理上不必要的压力。但有时也会受主管领导的疏忽、偏见、感情等主观因素的影响而产生考核偏差。

（2）自我考核。自我考核是指被考核者本人对自己的工作实绩和行为表现所作的评价，这种方式透明度较高，有利于被考核者在平时自觉地按考核标准约束自己。但最大的问题是有"倾高"现象。

（3）同事考核。同事考核是指同事间互相考核，这种方式体现了考核的民主性，但考核结果往往受被考核者的人际关系所影响。

（4）下属考核。下属考核是指下属员工对他们的直接主管领导的考核，一般选择一些有代表性的员工，用比较直接的方法，如直接打分法等进行考核，考核结果可以公开或不公开。

（5）顾客考核。许多企业把顾客也纳入员工绩效考核体系中。在一定情况下，顾客常常是唯一能够在工作现场观察员工绩效的人，此时，他们就成了最好的绩效信息来源。

3. 根据绩效考核的形式进行分类

根据绩效考核形式的不同，一般可以分为定性考核和定量考核。

（1）定性考核。其结果表现为对某人工作评价的文字描述，或对员工之间评价高低的相对次序以优、良、中、差等形式表示。

（2）定量考核。其结果以分值或系数等数量形式表示。

4. 根据绩效考核内容进行分类

根据绩效考核内容的不同，一般可将财务共享服务中心的考核分为特征导向型、行为导向型和结果导向型。

（1）特征导向型。考核的重点是员工的个人特质，如诚实度、合作性、沟通能力等，即考量员工是一个怎样的人。

（2）行为导向型。考核的重点是员工的工作方式和工作行为，如服务员的微笑和态度，待人接物的方法等，即对工作过程的考量。

（3）结果导向型。考核的重点是工作内容和工作质量，如产品的产量和质量、劳动效率等，侧重点是员工完成的工作任务和生产的产品。

（三）绩效考核方法

绩效考核的方法非常多，对于财务共享服务中心来说，采取何种考核方法有利于科学、准确得出考核结果，为管理者提供高质量决策信息，根据不同的运营模式、不同的发展阶段，财务共享服务中心所应用的考核方法也不一样，但都应该是与其自身的长期发展战略紧密结合的。目前国内被普遍接受同时也比较适合财务共享服务中心绩效评价体系构建的基本方法主要有：平衡计分卡、层次分析法、关键绩效指标分析法、德尔斐法。

1. 平衡计分卡

美国哈佛大学教授罗伯特·卡普兰（Robert Kaplan）与诺朗顿研究院（Nolan Norton Institute）的执行戴维·诺顿（David Norton）于 20 世纪 90 年代初创立了平衡计分卡。经过将近三十年的发展，平衡计分卡已经发展为集团战略管理的工具，在集团战略规划与执行管理方面发挥非常重要的作用。平衡计分卡的优点是强调了企业绩效管理与其战略之间的紧密联系。其框架包括以下四部分：①财务目标。②客户目标。③内部运营目标。④学习与成长目标。显而易见，客户的满意将导致企业良好的财务效益，企业通过管理能力的提高可以为客户提供更高的价值；学习与成长解决的是企业长期生命力的问题，是提高企业内部战略管理的素质与能力的基础。这四方面的内在关系不仅具有更深刻的哲学含义，也具有较强的操作及指导意义。平衡计分卡阐明了两个重要问题：其一，它强调了指标的确定必须包括财务性指标和非财务性指标；其二，它强调了对非财务性指标的管理，而这些非财务性指标同时也是决定结果性指标的驱动指标。

2. 层次分析法

层次分析法是 20 世纪 70 年代由美国著名学者托马斯·塞蒂（T. L. Saaty）提出。层次分析法主要通过对各个评估要素进行分层，定性和定量分析配合使用，是一种结构层次比较清晰的评价方法。层次分析法是将较为复杂的数据通过分层分析，逐步细化到各个级别，且各层级相互独立，再由各级别进行量化比较。此方法凭借它的实用性被普遍应用于战略决策的研究。

3. 关键绩效指标分析法

关键绩效指标分析（简称"KPI 指标"）是基于企业年度发展目标，通过对员工绩效特征的分析，来选取确定能反映一定时期内企业、各部门及员工个人业绩的关键性的量化的指标进行考核评价。KPI 指标分析法的关键在于针对各部门各工作人员的具体工作目标，制定科学合理、具有可行性的具体业绩衡量指标，这也是绩效管理过程中绩效计划的一个关键组成部分。

4. 德尔斐法

德尔斐法又叫专家调查法，主要是应用询证函匿名向各个专家成员发出函件，再对专家回函进行整理分析，最后将综合意见反馈给专家，由专家进行分析思考再次作出回函，反复进行多次统计的调查方法。德尔斐法常常被运用于涉及评价指标体系的构建方面，在一定程度上具有一种主观性。

综上四种考核评价方法，针对财务共享服务中心模式进行绩效评价，采用平衡计分卡可以从财务和非财务角度进行更为全面的评价，要想对财务共享模式带来的成效通过具体数值进行分析，也可以根据企业实际情况重点选择部分绩效指标进行评价，即采用关键绩效指标分析法。平衡计分卡及关键绩效指标分析法主要是通过定量进行绩效评价。为了使绩效评价体系更为科学合理，还需要通过用平衡计分卡进行分层，用层次分析法结合德尔斐法进行定性的分析。从企业发展战略及科学评价的角度出发，一般认为将平衡计分卡、层次分析法、关键业绩指标与德尔斐法结合起来分析财务共享服务中心的成效较为合理。

（四）绩效考核原则

一是公平原则。公平是确立和推行人员考核制度的前提。如果没有公平，就不可能发挥员工绩效考核的应有作用。

二是严格原则。绩效考核不严格，就会流于形式，形同虚设。考绩不严，不仅不能全面地反映工作人员的真实情况，而且还会产生消极的后果。绩效考核的严格性包括：要有明确的考核标准，要有严肃认真的考核态度，要有严格的考核制度与科学而严格的程序及方法等。

三是单头考核原则。对各级职工的考核，都必须由被考核者的"直接上级"进行。直接上级相对来说最了解被考核者的实际工作表现（成绩、能力、适应性），也最有可能反映真实情况。间接上级（即上级的上级）对直接上级作出的考核评语，不应当擅自修改。这并不排除间接上级对考核结果的调整修正作用。单头考核明确了考核责任所在，并且使考核系统与组织指挥系统取得一致，更有利于加强经营组织的指挥机能。

四是结果公开原则。绩效考核的结论应对本人公开，这是保证绩效考核民主的重要手段。这样做，一方面可以使被考核者了解自己的优点和缺点、长处和短处，从而使考核成绩好的人再接再厉，继续保持先进；也可以使考核成绩不好的人心悦诚服，奋起上进。另一方面还有助于防止绩效考核中可能出现的偏见以及种种误差，以保证考核的公平与合理。

五是结合奖惩原则。依据绩效考核的结果，根据工作成绩的好坏，有赏有罚，有升有降，而且这种赏罚、升降不仅与精神激励相联系，还必须通过工资、奖金等方式同物质利益相联系，这样才能达到绩效考核的真正目的。

六是客观考核原则。人事考核应当根据明确规定的考核标准，针对客观考核资料进行评价，尽量避免渗入主观性和感情色彩。

七是反馈原则。考核的结果（评语）一定要反馈给被考核者本人，否则就起不到考核的教育作用。在反馈考核结果的同时，应当向被考核者就评语进行解释说明，肯定成绩和进步，说明不足之处，提供参考意见等。

八是差别原则。考核的等级之间应当有鲜明的差别界限，针对不同的考核评语，在工资、晋升、使用等方面应体现差别，使考核带有刺激性，鼓励职工的上进心。

九是信息对称原则。凡是信息对称、容易被监督的工作，适合用绩效考核；凡是信息不对称、不容易被监督的工作，适合用股权激励。

（五）绩效考核机构与标准

1. 考核机构

成立财务共享服务中心考核管理领导小组，根据内部控制的考核原则，由相关的部门负责人和财务共享服务中心的负责人组成。考核管理领导小组下设办公室，负责日常考核工作，其主要的职责包括：①根据有关规定对财务共享服务中心季度考核、年度考核做出安排。②组织、指导、监督财务共享服务中心季度考核、年度考核工作。③审核财务共享服务中心员工考核结果。④受理并调查处理财务共享服务中心员工的复核申请。

2. 考核标准

财务共享服务中心人员考核坚持客观公正、注重实绩、考用结合等原则，平时与定期相结合，定性与定量相结合，个人考核与单位目标考核相结合的办法，主要标准包括：①财务共享服务中心考核坚持与中心服务质量考核挂钩，与中心建设、人员道德素养、廉政建设、风险管控、内部管理、职责落实情况、子公司服务满意度调查等指标挂钩。②财务共享服务中心考核坚持与部门业绩考核挂钩的原则，与部门团队建设、服务质量、作风建设、党风廉政建设、部门协作和部门业绩挂钩，考核不达标部门全体人员停发奖金。③财务共享服务中心考核坚持与个人业绩考核挂钩的原则，与员工德、能、勤、绩、廉五个方面的表现挂钩。④财务共享服务中心考核坚持与集团公司领导、中心领导、工程公司对中心部门及人员考核评价挂钩的原则。⑤财务共享服务中心的考核分为季度考核和年度考核。

3. 考核维度

根据财务共享服务中心的管理目标和要求，可将财务共享服务中心的绩效考核维度与企业的其他管理方法相结合，一般来说，财务共享服务中心的绩效考核可分为以下维度，具体见表5-6。

表5-6　财务共享服务中心的评价维度

财务共享服务中心的评价指标目录					
序号	评价板块	备注	序号	评价板块	备注
1	行政办公		8	资金结算	
2	财务管理		9	财务决算	
3	党团建设		10	业务监察	
4	企业文化		11	运营管理	
5	工会工作		12	规划企管	
6	人力资源		13	信息化	
7	会计核算		……	……	

（六）绩效考核注意的问题

我国由于引入财务共享服务模式较晚，同时又受到一些原因影响，因此我国企业在财务共享服务模式下绩效管理中存在一系列问题。在实践中需要克服这些问题，从而更好地为实施财务共享服务中心的考核打下基础。

1. 缺乏明确的绩效管理目标

相对于国外跨国公司成熟的管理水平，我国按照市场经济原则建立的现代企业历程较短，在现代管理理念、管理模式上与领先的跨国公司存在差距。在国外，共享服务模式已经产生了将近30年，在跨国公司中得到普遍应用，拥有着大量的实践经验和案例。另外，企业客观生存环境上的相似也使它们在实施财务共享服务模式时，能够直接地参考这些实践经验，使该模式的效益能够较快得到体现。而迄今为止，我国企业的财务共享服务模式的应用仍然处于起步阶段，运营时间较短，缺少能够直接应用的成熟实践经验，尤其是刚试行或刚运营财务共享服务模式的企业会出现许多问题。例如，中兴通讯在财务共享服务中心成立之初，由于工作环境发生变化，人员情绪不稳定，同时由于集中后业务流程发生改变，绩效考核等管理手段未配套实施，工作效率非常低下。

虽然我国部分跨国公司和大型企业试用或正在使用财务共享服务模式，但由于理论匮乏和实践经验不足，财务共享服务模式下的绩效管理目标并不明确。例如，中交股份实施财务共享服务之后，面临如何对其进行绩效评价的问题，这些问题包括在评价时选取哪种方法、指标如何设计等。还有许多企业在实施财务共享服务模式后，无法清楚地定位这种模式下绩效管理的具体目标，区分其与以往在其他管理模式下绩效管理目标的差别，采用何种绩效管理方法更加有效，选用哪些财务指标考核和非财务指标，如何进行考核，要注意什么问题，等等。显然，若这些问题不能得到有效解决，非常容易导致各业务单元和财务共享服务中心与企业的战略目标脱节，绩效指标的考核和管理很难反映出企业业绩的实现情况，最终导致企业战略不能落实与实现。

2. 现有绩效管理指标体系的不适用

我国部分企业引入财务共享服务模式后，仍沿用原有的绩效考评方式对企业集团、各业务单元及中心进行考核。尽管有的企业运用了平衡计分卡工具，但没有分清财务共享服务中心的运营性质，在考核指标上没有与其他各业务单元区分开，而且，由于采用新的模式后，企业的组织结构发生了较大变化，流程必须经过重新梳理，再设计平衡计分卡，如中兴通讯，在其财务共享服务中心建立之初，绩效管理手段未配套实施，导致工作效率非常低下，而这样的结果使得财务共享服务中心失去了存在的意义。另外，由于我国企业传统体制和理念的影响，少数企业仍旧采用传统绩效管理方法，而以传统意义上的财务指标如资产负债率、销售净利率等对财务共享服务中心进行绩效考评显然已经不合适。传统绩效管理本身存在弊端，其绩效管理指标体系不健全，无法满足新模式下财务共享服务的要求，这种绩效管理多数只强调绩效评估，将绩效考核指标作为控制和约束员工的工具，或是对员工工作成绩的一种奖惩手段，忽视对员工工作行为的全面评价，忽略了绩效管理的整个过程。这样过分地关注评价工作结果，而没有对工作本身和制约工作的各种相关因素给予足够重视的绩效指标体系显然是不完整的，其考核出来的效果是很片面的，使管理者不能完整地意识到自己的决策和行为的影响，从而导致次优化的决策。现行企业在没有考虑财务共享服务模式特点以及从战略管理和改善公司绩效的前提下进行的绩效管理，是无法满足该模式下绩效管理要求的。绩效管理应该是一个环环相扣、紧密联系的大系统，各个职能之间及与周围环境之间有着密切的联系。

财务共享服务模式通过流程标准化，将复杂业务简单化，各项业务的衔接过程是实现财务共享服务目标的保障，而绩效评价直接影响到财务共享服务中心和各业务单元，甚至整个企业的决策和改进。现有的绩效评价体系，没有综合反映业务单元以及中心在客户满意程度、产品和服务质量、员工发展、财务绩效等方面的真实情况。再者，企业是个动态运行的主体，现代社会的迅猛发展使企业的动态因素进一步凸显，这些因素不仅包括转换管理模式而导致的组织结构的变化，还包括企业运营环境的变化、工作性质的变化、员工需求的变化等。而与此同时，现行多数企业所采用的绩效管理体系却基本处于静态运作状态。这种制度惯性在很大程度上会对企业整体战略的执行造成不良的影响。而这种缺乏灵活性的绩效管理指标体系显然跟不上财务共享服务中心以及跨国公司、大型企业内外的变化，达不到财务共享服务模式的标准。财务共享服务中心建成以后，随着其能力的提升，业务范围也会逐步扩大。而且，对于一个发展中的企业，经常会遇到新客户的进入、新业务的吸纳，在这种高速发展的过程中，绩效指标的应变性对企业来说是至关重要的。

3. 绩效考核措施滞后

在引入财务共享服务模式下的企业中，部分企业存在以下现象。

（1）这些企业中，一般绩效评估全都每半年进行一次，有些甚至一年一次。由于评估周期较长，管理者受到"近因效应"影响，评估时很容易产生偏差，往往以近期的工作绩效代替整个评估周期的总体绩效，很难客观地对被评估者一年的工作进行评价；对于距离评估时点较长的绩效，直接主管往往凭印象进行评价。这种不客观的评估必然对员工造成不公平感，很容易挫伤员工的积极性和主动性。所以，部分企业中常常存在由于历史数据缺失，导致绩效评估以偏概全的现象。这使得考核结果失真，绩效真正好的其考核结果却不好，对于考核结果好的员工也不能发现其工作过失，不能使员工信服。这些企业在弊端扩大后，才采取弥补措施。

（2）直接主管"事后评估"，往往对结果的关注和管理过多，并以此绩效评估结果进行奖惩，直接主管在考核过程中只对任务机械地执行，而评估过程机械简单，易使得考核的目的变成批评和指责员工。而且部分应用了财务共享服务模式的企业在建立财务共享服务中心的最初几年并未对中心、组别和个人进行正式的绩效管理。仅有的个人绩效报告也只是列出了员工在年度内需要完成的几项重要工作内容，而到年终的时候主管则根据工作完成的大致情况给予相应的工作评定。可见，这样的评估在没有列出详细的指标条件下，只是主管对员工整体印象的反映，有时甚至是根据职位等级或公司业绩给出的平均成绩。这样导致的结果只能是员工不知道自己的努力与集团战略目标的实现有什么关系。员工不明确评价目的和标准，不了解绩效管理制度的运作过程，企业也不了解员工的想法和要求。员工对公司未来发展规划也没有统一的认识，只是接受任务、执行任务。这样的绩效考核无法起到及时改进工作的作用。

（3）企业的中心建立起来后，没有及时合理的配套相应的员工绩效管理考核标准，绩效评估指标模糊不清，或按照以往模式所设置的标准对中心与企业各业务单元均采取统一考核标准，没有个性和针对性，没有从员工承担的工作性质特点出发，必然有失偏颇和公平，使员工工作效率降低。例如，财务共享服务中心运营人员从事的是具有高重复性的工作，这与一般的管理人员，以及其他管理模式下的基层工作人员的工作性质存在极大差别。统一考核标准的采用只能导致这类员工工作任务无法高效率地完成，工作存在偏离公司整体目标的行为，导致考评、激励与企业整体目标之间存在脱节，不利于公司目标的实现。从这些现象可看出，绩效管理的作用和目标都没有得到有效的实现，结果只会使工作中的问题发现了也不能得到及时的解决和改进，绩效管理措施存在明显的滞后性。

4. 绩效管理信息整合程度低

由于财务共享服务中心以处理大量重复的数据业务为主，企业针对这些数据进行的绩效管理尤为重要。成熟的财务共享服务中心通常需具备完善的绩效管理系统，通过日报、月报等定期报告以及实时的数据统计为企业提供完善的绩效数据支持。如果这些数据全部手工提供，其数据准确性和时效性难以保障。在我国，由于规范化运作的历史较短，而财务共享服务中心标准化流程在提高效率的同时面临着与现实业务发展不能完全同步的矛盾，实施过程中面临着重新梳理规范流程的难题。而且，大多数企业管理数据少，市场上也难以找到同行业的基准数据作参考，缺乏规范化的内外部商业环境，导致我国企业内部管理统计信息缺乏。而财务共享服务中心涉及大量数据指标的处理，是一个复杂的过程，基于财务共享服务的业务范围所衍生出的信息数据不仅包括财务数据，也包括业务数据，如业务总量、业务效率等诸多内容。而对于导入财务共享服务模式不久的企业无法在短时间内建立一个能够有效整合这些绩效管理信息的平台。虽然也有不少企业在绩效管理系统的软件和硬件上投以巨资来建立和完善信息系统，但没有考虑财务共享服务模式的特点，信息数据整合能力不足。例如，部分企业财务共享服务模式下所建立的系统内自主开发的一些报表存在明细不完整、界面不友好以及逻辑不清晰等问题。另外，由于财务共享服务中心产生就是因为企业集团的出现。因为企业为了便于其经营、扩展和抢占市场，所以会在不同的地区建立多个分公司、子公司，为了避免非核心业务的重复建设，进而建立财务共享服务中心对这些非核心业务进行整合。而财务共享服务中心在整合流程的同时，也整合了资源，资源的集中则导致财务共享服务中心不可能在地理位置上接近所有的业务单元，必然使得绝大多数的业务单元存在远程操作的问题，所以也就产生了远程操作与本地协同的问题。如果不能有效解决远程操作的问题，对成本的管理效应也将大打折扣。

当前大多数企业的会计信息服务覆盖深度仅是大的分支机构，尚未能延伸至每个基础会计单元，对业务最前端的数据信息服务能力不强，支撑性信息源较为分散，系统化信息整合程度低，缺少数据信息统一整合与发布的平台。因此，在财务共享服务模式下企业信息的管理及信息基础设施的建设不完善，无法对绩效管理信息进行有效的整合和利用，将会成为企业应用财务共享服务模式的障碍。

二、财务共享服务中心绩效考核执行

绩效评价是根据科学合理的标准和要求对企业员工及组织在一定期间内的行为、任务完成情况进行评价的一种方法。绩效评价的结果有两个方面的作用，一方面，从企业管理层面来说，可以作为企业内部对员工奖励及惩罚的考核依据，也可以作为企业各层级负责人对所属员工的业务处理能力、工作态度、任务完成情况的评价标准；另一方面，对员工个人发展而言，可以根据绩效考评的结果对自身工作的情况进行了解，帮助发现问题并进行改善，以期提高工作效率，为个人未来发展制订成长计划。

财务共享服务中心的绩效评价主要是指通过运用科学的方法对实施这种新模式的企业及其员工的工作表现进行评价的绩效管理方法。评价结果对于这种模式的运用改进来说有一定的帮助，同时对于企业的内部员工来说也可以促进其更好地成长。

（一）绩效评价的实施步骤

绩效从一定程度上来看，是对企业的工作人员在一定期间内通过一种具体的方式达到某种结果的具体表现的反映。就实施财务共享服务中心的企业来说，在这种模式的每一阶段实施过程中都离不开绩效评价。绩效评价的实施步骤一般分七步。

1. 确定评价对象

作为绩效评价的第一步，只有先确定评价对象之后，才能有目的地进行评价分析。对于实施这种新模式的企业来说，对创建运营的情况进行绩效评价，那么绩效评价的对象主要是财务共享服务中心及其工作人员。

2. 确定评价者

在明确评价对象之后，需要确定对其评价的主体，评价主体一般分为个人、专业的评价机构、专家团队等。聘请个人进行评价，工作量很大且不具有科学性，而专业评价机构及专家团队一般具有较强的专业性，且评价结果一般具有一定的科学合理性。

3. 收集整理资料

在确定评价者及评价对象后，即可开展评价工作，主要由评价者依据评价的要求和原则，收集评价所需的资料及相关数据，并进行汇总整理。

4. 构建绩效评价指标体系

根据整理的资料和数据，结合评价对象的具体特征，采用具有适用性的方法，构建符合评价对象实际情况的绩效评价指标体系，保证具有一定的科学合理性。

5. 确定指标权重

构建绩效评价指标体系后，还需要确定各个层次及各个具体指标的权重，权重的大小表示的是各个指标在整个指标体系当中的重要性。

6. 综合评估

在企业财务共享服务中心运行过程中，每一个周期结束后要根据初期制度的绩效计划，各工作组的负责人运用适当合理的绩效评价方法对下属的工作目标及成效进行评估考核。在绩效评估过程中，各层级负责人可以根据绩效导向过程中收集到的绩效相关数据对指标进行评估。

7. 结果反馈

各层级管理者在完成对财务共享服务中心员工的绩效评价后，应当针对评价的结果与所属员工进行及时交流沟通，一方面，管理者可以与员工交谈其工作绩效及尚需改进的地方；另一方面，员工可以向管理者提出在整个经营周期内遇到的困难，请求指导帮助，双方针对当期成效和问题进行分析后，确定下一周期的绩效目标。

（二）绩效信息的收集

1. 绩效信息收集的目的

绩效信息的记录和收集是绩效考评的一项基础工作，很多绩效考评失败的原因在于绩效信息的不准确以及管理者考核评价的随意性。准确及时的绩效信息对绩效考核的顺利实施具有重要的意义。

第一，提供绩效考核评价的基础依据。绩效考评一般以年度、季度或月度为周期进行。在绩效评估时要对员工的各个关键业绩指标进行考核评价，因此相关的考核信息数据是考核评价公正客观的基础。

第二，发现员工绩效问题并提出改进的绩效目标。通过对员工的绩效进行记录和收集，可以发现员工存在的问题。通过和其他优秀员工的对比，可以提出改进的绩效目标。例如，当管理者对员工说"你在这个方面做得不够好"或者"你在这个方面还可以做得更好一些"时，需要结合员工本人具体的事例以及优异员工的事例来增强说服力。这样会让员工清楚地看到自己存在的问题以及和优秀员工的差距，有利于员工改进和提高绩效。

第三，研究发现员工绩效优异或低下的深层次原因。对绩效信息的记录和收集可以使管理者掌握体现绩效优异和绩效低下的关键事件，可以探询绩效优异或绩效低下的真实原因。总结并推广绩效优异者的经验，发现绩效低下者的真实原因，并有针对性地进行培训，可以提高员工绩效。

2. 绩效信息的不同来源

来源不同，可能会得到不同的绩效信息。绩效信息的来源可以有多种途径，包括考核者记录收集、其他相关部门记录收集、被考核者记录收集等。由被考核者记录和收集绩效考核信息可能会导致信息的不真实，但是可从以下两方面减少这种不真实：一方面，绩效考核者应该加强对下属工作的了解，使下属不敢造假。另一方面，采取定性的考核指标来进行评价，被考核者收集信息的意义主要在于先对自己这方面的工作做一简单评价，而对于考核者来说，这方面的信息只是评价的参考意见，如果发现被考核者的自我评价有较多水分，可以对被考核者该项指标打个较低的分数，并在绩效考核面谈时和被考核者进行充分沟通，使被考核者明白下次要更加如实地评价自己的工作。

3. 绩效信息收集的方法与内容

（1）信息收集的方法

信息记录和收集是绩效考评的一项基础工作，这项工作的好坏对绩效考评的效果具有非常重要的影响，收集绩效信息的方法有工作记录法、定期抽查法、检查扣分法、关键事件记录法等。

第一，工作记录法是对于财务共享服务中心的员工业务处理的数量、质量、时限等指标，按照规定由相关人员收集原始记录单，并定期进行汇总统计，以获得绩效考核有关信息。

第二，定期抽查法是为了保证上述信息的真实有效性，管理者可以对上述信息进行抽查，保证记录的真实性。

第三，检查扣分法是针对关键业绩指标中出现错误的扣分事项进行检查登记，发现一次记录一次，以便为期末绩效考核提供原始信息。

第四，关键事件记录法是针对员工特别突出或异常失误的情况进行记录，关键事件的记录有助于管理者对员工的突出业绩进行及时的激励，对员工存在的问题进行及时的反馈和纠偏。

（2）信息收集的内容

信息收集不可能将员工所有的绩效表现都记录下来，应该确保所收集的信息与关键业绩指标密切联系。由于信息来源不同，信息可以分为来自业绩记录的信息，如工作目标或工作任务完成情况的信息；管理者观察到的信息，如工作绩效优异或低下的突出行为表现；以及来自其他人评价的信息，如客户反馈的积极（消极）信息等。

为了使绩效数据收集制度化，相关负责部门汇总各个部门应该提供的考核指标信息提交有关部门，在绩效期末，相关部门应该及时提供相关信息，保证绩效考核的顺利进行。

4. 绩效信息收集的注意事项

（1）员工应该参与信息收集的过程

绩效考评主要目的是提高员工的工作绩效，是管理者和员工共同的责任，因此员工应该自己收集相关绩效信息或者参与相关信息的收集过程。员工参与了信息收集过程，一方面可以及时对工作进行调整，以利于绩效目标的完成；另一方面管理者依据员工参与收集的信息与员工进行沟通的时候，会容易接受这些事实。

对于某些信息，可以由员工自己收集记录，最后报管理者抽查审核；还有一些信息是管理者发现并掌握的，如工作出现差错等信息，这时管理者应及时将这些信息向相关员工进行通报，一方面可以对员工的工作及时进行辅导纠正，另一方面到绩效期末员工也易于接受这些绩效信息。

（2）要有目的地收集信息

信息收集是一项耗时、费力的工作，要占用大量的人力、物力和时间，因此一定要收集那些对绩效考评非常有必要的信息；而有些过程中的信息我们可以不去关注，而直接关注最终结果。信息收集可以针对关键业绩指标中的相关内容组织相关人员进行记录、收集。

（3）抽查是核对信息真实性的好办法

很多信息是员工自己记录的，而且管理者也没有太多的时间精力来做信息的记录与收集工作，因此员工在做工作记录或收集绩效信息的时候往往会有选择地记录和收集信息，甚至会提供虚假信息。制约员工这种行为倾向的好办法就是抽查，而且对抽查中发现的员工故意提供虚假信息的行为要进行严厉的惩罚。

（4）信息记录应把事实与推测区分开来

应该记录事实的绩效信息，而不应记录对事实的推测。通过观察可以记录员工的行为，但行为背后的动机和原因往往是推测的，很可能是不可靠的。例如，员工近期经常迟到、早退，而且工作效率低下，不能按期完成任务。上述内容就是事实记录，但是如果记录员工积极性降低、业务水平不高就是简单推测，因为很可能是其他原因（如家中出现变故等）导致工作绩效低下的。

（三）绩效评价方案

1. 绩效评价对象的确定

评价对象的确定直接关系着考核内容以及考核指标的选择，而评价结果又会反过来对评价对象产生一定的影响。例如，员工岗位调动和奖金发放会受到绩效考核指标的影响，评价结果也会影响企业的管理和决策。企业财务共享服务中心的绩效评价对象主要为财务共享服务中心及其工作人员。

2. 绩效评价依据

对企业财务共享服务中心进行绩效评价的主要依据是实施的关键影响因素，特别是全新的处理流程和信息系统。整个财务共享服务中心绩效评价的结果都与处理流程和信息系统相关，所以指标设定的主要依据是处理流程和信息系统。在业务处理流程方面，企业集团内传统的核算处理流程并不能很好地配合新模式的运营，因此需要对企业内部业务处理流程重新改造。针对企业集团内部流程怎样重构才能更好地适应新模式的运营，是集团内部需要思考和创新的地方。为适应新模式的运营，无疑要对各财务业务处理流程进行重新构建，要使财务流程和业务流程进行分离，保证财务与业务数据能够集中实时共享，实行标准化的操作流程，保证事前、事中、事后全过程的管理理念，体现出高效率高质量低成本的流程管理。

国际化的交流与快速发展导致越来越多的大型企业集团将关注焦点转移到信息技术与财务管理的结合上来。现在逐渐运用的财务共享服务是将一个企业集团内的绝大部分财务业务进行集中统一的处理，作为一个强大的信息中转处理中心，无疑是需要有庞大的信息系统来存储、支撑和管理数据。实施财务共享服务，需要建立财务核算系统、费用报销系统、应收应付处理系统、影像传递系统、银企互联系统等多个信息系统。只有解决企业集团信息系统的技术问题，才能为新模式的运行提供技术上的支持，确保运营的顺利进行。由于再造的业务处理流程及信息系统对企业集团的财务成本及效益的改善、客户服务水平的高低、流程处理的效率及质量、人员的培训及发展等方面都会造成一定的影响，因此构建绩效评价体系主要是依据业务处理流程和信息系统这两个关键影响因素。

3. 绩效评价方法

财务共享服务是对财务管理方式的创新，每个实施这种新形式的企业都需要搭建符合自身实际情况的绩效评价体系。研究发现很多实施财务共享服务的大型企业集团都是通过一般的平衡计分卡来评估的。新型财务管理模式的实施是由企业的战略发展目标决定的，而实施的结果又会对企业的战略发展产生影响。企业集团为了对其实施的效果进行更好、更合理的评价，也需要建立一套既与行业特点相匹配又符合自身发展的评价体系，在实践中采用了四种绩效评价方法的结合体，已经被普遍认为是企业绩效评价中最具影响力的方法。

首先，采用平衡计分卡（BSC）与关键绩效指标（KPI）评价对其具体的指标进行测评，以便分析需要提高改进的地方。其次，利用层次分析法构建测评指标权重的层次模型，同时结合德尔斐法，对专家进行调查反馈，并对结果进行检测。对财务共享服务中心从具体指标测评和权重分析两个方面进行评价，能够较为合理地构建绩效评价体系。

4. 绩效评价内容

企业财务共享服务中心在创建初期一般都没有一套完整的评价体系，一般按照平衡计分卡的方式，以公司发展战略为导向，从财务成本管理、客户维护、内部流程处理、学习与发展这四个非关联的维度选取部分对企业集团起关键性作用的指标进行评价体系的构建。从财务信息的角度进行绩效考核评价，评价内容主要是公司创造的价值、财务共享服务中心服务质量的高低、运营管理成本是否得到降低；从客户信息的角度来说，主要评价的是客户对企业在与其沟通和维护方面提供服务的满意度；从内部流程的角度进行绩效考核评价，评价的要点是财务共享服务中心对业务处理的质量和效率的影响；从学习与发展的角度来说，评价的是财务共享服务中心对员工的培养及输出等内容，评价其在保证企业长期健康发展方面所做的努力及成效。

此外，还通过平衡计分卡的四个维度进行分层，用层次分析法来确定权重比例，将定性与定量评价进行结合。指标权重分配评价的主要是四个维度各个关键指标由高到低的影响程度，通过权重分析可以帮助管理层进行更好的、更有针对性的改进和完善。

5. 绩效评价指标构建

根据部分国内学者对财务共享服务中心绩效评价体系的构建研究，基于平衡计分卡四个维度选择的指标上来看，都具有一定的可行性，针对财务共享服务中心的运行情况，可进行如下的指标设定。

从财务维度上来说，主要是选择与成本相关的指标，针对财务共享服务中心的系统设置，从财务系统中可以提取数据计算出成本费用利润率、运营成本变动率、中心系统费用率。从这三个指标来看，都可以反映财务共享服务中心创建后带来的财务效果，可以看出成本是否得到控制、利润率是否提高。

从客户维度来说，主要评价的是客户的满意度情况，而客户的满意度情况除了对客户进行调查统计其满意度之外，还可以通过从系统中分析其应收账款周转率及付款周期变动率来观察对客户提供的服务水平。

从内部流程维度来说，主要考核的是业务流程处理方面的效率，可以通过对业务流程处理的凭证数量、档案数量、付款总金额、报销用户量、人均效能等方面进行评价，为了保持计算的一致性，将上述指标统一设定为相关比率来进行评价。

从学习与发展维度来说，重点评价的是财务共享服务中心对人才的培训及重视情况，所以通过对员工的学历来源对比率、人才培养变动率、人才输出变动率三个指标来进行评价，可以反映出财务共享服务中心在人才培养方面所做的工作是否到位。

(四) 构建基于平衡计分卡的 KPI 指标体系

1. 构建财务维度的 KPI 指标

(1) 成本费用利润率。从财务系统中的总账共享和报表共享模块均可以提取当期净利润的数据以及当期发生的各项成本费用的总和，通过计算两者比率即当期净利润/当期总成本费用，来分析当期的成本利润率情况。此指标的选择是有一定意义的，因为这项指标的结果较高，则说明企业为赚取利润而支付的成本越少，经济效益越好。只有成本费用控制好了，一个企业的盈利能力才越强。所以在财务维度对其成本利润率进行评价，方便管理者对当期的实际经营状况进行直观的了解和评价。

（2）运营成本变动率。创建财务共享服务中心的目的是规范操作流程、降低成本、提高工作效率，所以对运营成本的评价也是必不可少的。财务共享服务中心在运营过程中产生的各种成本费用总和，包括人员成本（人力成本和培训成本）、场所租借和办公费用、财务共享服务中心各种设施的摊销折旧费用等。从财务系统中的总账系统可以直接查看集团上年及本年的运营成本数据，并通过公式"（上年运营成本-本年运营成本）/上年运营成本"计算出运营成本变动率的大小。评价此指标可以对成立财务共享服务中心的目标完成情况进行统计分析。

（3）中心系统总费用及费用率。整个财务共享服务中心除了建立初期已经发生的固定费用外，每年维持运行也会发生一定的财务系统成本费用，从财务系统的总账系统中可以查询集团当年为维持财务共享服务中心的运行所发生的财务系统费用总额，主要包括系统管理及维护成本等。此外，根据集团财务共享服务中心运行的实际情况汇总说明文件，可以直接了解财务共享服务中心的财务系统费用率水平。通过对中心系统总费用及费用率水平的分析，可以了解成立财务共享服务中心后，整个集团对共享中心的投入情况及费用率是否下降，从长期发展来看是否能真正地降低中心管理费用。

2. 构建客户维度的 KPI 指标

（1）应收账款周转率。对于外部销售客户而言，了解成立财务共享服务中心后，是否能使对客户的服务更加便利，处理速度是否提升，通过销售回款速度可以进行辅助说明。销售回款速度主要是指通过对销售款项的回收速度进行评价，此项评价可以依据共享系统平台的财务系统显示的报表数据进行统计，通过计算应收账款周转天数及周转率指标进行评价。销售回款速度即应收账款周转率一定程度上可以体现外部销售客户对财务共享服务中心的满意度。

（2）付款周期比率。从客户角度来说，不管是供应商还是内部员工，成立财务共享服务中心后对其涉及的费用处理及费用报销是否带来了一定的有利影响，可以通过对付款周期指标的分析来进行评价。从时间上来看，可以通过对成立后的付款周期进行对比分析，研究是否能真正带来效率的提升，从一定程度上也可以反映出供应商及内部员工的满意度。

（3）客户满意度。成立财务共享服务中心，一方面可以方便集团自身的管理，另一方面也是为了更好地为客户服务。客户满意度主要分为对外部和内部的调查，即根据供应商、销售客户和团队员工的满意度，设置不同的调查问卷，可以请客户选择接受服务后立即对服务进行评价，也可以定期、不定期以及线上或线下相结合的方式进行满意度的调查。通过客户满意度问卷调查，一方面可以加强与供应商及客户、与集团员工的沟通；另一方面管理层可以及时了解财务共享服务中心在运营过程中的业务处理还有哪些不足之处，及时作出相应的改进，最终达到客户满意的目的。因此，客户满意度的调查和评价必须从顾客的角度进行。

3. 构建内部流程维度的 KPI 指标

（1）凭证数量新增率。成立财务共享服务中心后，将整个集团的账务处理集中到中心进行统一处理，因此业务处理量会明显加大，对凭证处理数量进行统计比较分析之后，可以对中心成立后的业务集中处理的效率进行评价。所以对凭证数量进行比较分析十分有必要，凭证数量可以直接从财务系统中提取，据此可以直接计算新增率。

（2）档案数量新增率。由于成立财务共享服务中心，是将集团分散在各地的财务业务进行集中处理，因此必须要由下级各子公司将凭证传输到共享系统平台，再由财务共享服务中心工作人员进行处理，这就涉及电子及纸质档案保管问题。电子档案直接通过影像档案系统进行存储。对于纸质档案，一部分是由各子公司上传后后期邮寄到共享中心存储，一部分是由共享中心统一打印归档存储。通过对档案数量的分析评价，可以了解到成立财务共享服务中心后整个业务流程的处理工作量的大小，所以分析档案数量也是有一定意义的。

（3）付款总金额变动率。财务共享服务中心处理最多的业务就是费用及成本的报销，所以通过对付款总金额的分析评价，可以了解成立中心后带来的集中支付、核算共享的成效大小。付款总金额的数据来源获取十分便利，只需从财务总账系统中导出即可，所以可以通过付款总金额变动率对内部流程效率进行评价。

（4）报销用户量变动率。对财务共享服务中心的绩效评价，从内部流程上来看，对报销用户量进行统计分析也很有必要。报销用户量一定程度上可以反映财务共享服务中心业务处理流程的工作效率，通过对比分析可以了解效率是否提升，成立共享中心究竟能带来多大益处。报销用户量可以通过共享系统平台财务系统进行数据提取，据此可以对比分析出变动率的情况。

（5）人均效能审核率。在整个业务处理流程中，可以通过对工作人员日均业务审核量和凭证量进行分析，评价成立财务共享服务中心后带来的效率提升，集中处理业务的能力。人均效能指标评价的数据获取也十分便利，从共享系统平台可以直接获取。

4. 构建学习与发展维度的 KPI 指标

（1）员工学历及来源对比率。学习与发展维度的指标评价可以从人力发展及规划角度来分析，即对财务共享服务中心建设期对人才的需求情况进行评价，可以了解基础类业务人员的学历及来源情况。随着业务规模的扩大和业务的日趋复杂，我们需要了解员工需求的变化，可以通过分析创建财务共享服务中心对员工的要求来获取信息。

（2）人才培养变动率。财务共享服务是当前逐渐兴起的一种独特的财务管理方式，员工对新的业务处理流程情况并不了解，所以通过对人才培养的具体情况进行分析，可以了解集团对共享中心人才的重视程度。从人员管理角度来分析集团对人才的需求及栽培情况，对整个集团的长期人才培养发展方面带来的影响评价具有一定的意义。

（3）人才输出变动率。成立财务共享服务中心后，对全方位了解集团业务及高效处理能力的人才需求十分紧张，通过分析人才输出可以了解到财务共享中心对人才的培养和锻炼程度。内部培养人才的输出对集团的长期发展有一定的促进作用，所以对人才输出进行评价分析也是必要的。

从四个维度设定的 KPI 指标来看，财务维度中最主要的指标是运营成本变动率，客户维度中最主要的指标是客户满意度，内部流程维度中最主要的指标是人均效能，学习与发展维度中最主要的指标是人才培养。根据这些指标可知，今后企业集团在具体的绩效考核评价及业务操作中，要做到以下四点：每个当期要对下一期的运营成本费用结合当期情况作出合理的规划和控制；就运营过程来说，要将提高业务处理效率作为考核的重点；从共享系统平台的完善设置、人员综合素质等方面入手来提高业务操作支持能力；定期组织员工进行专业培训，提升专业素养。

5. 构建基于绩效层次结构的指标权重模型

（1）构建绩效层次分析模型

在基于平衡计分卡构建的 KPI 指标基础之上，还需要运用层次分析法来进行指标权重模型的构建。针对企业集团财务共享服务中心的绩效评价指标，可以分为三大层级，最高层级为中心的综合绩效评价，中间层级为财务、客户、内部流程、学习与成长四个部分，最低层级为根据中间层级划分的三级具体的指标，具体指标可统一采用比率类指标。构建的企业集团财务共享服务中心的绩效层次结构模型如表5-7所示。

表 5-7　绩效层次结构模型

综合指标 A 级	分层指标 B 级	具体指标 C 级
财务共享服务中心 综合绩效	财务维度 B1	成本费用利润率 C1
		运营成本变动率 C2
		中心系统费用率 C3
	客户维度 B2	应收账款周转率 C4
		付款周期比率 C5
		客户满意度 C6
	学习与发展维度 B3	员工学历及来源对比率 C12
		人才培养变动率 C13
		人才输出变动率 C14

（2）构建指标层判断矩阵的方法

在确定各层次各因素之间的权重时，如果只是定性的结果，则常常不容易被别人接受，因而桑蒂（Santy）等人提出一致矩阵法，即不把所有因素放在一起比较，而是两两相互比较，对此采用相对尺度，尽可能减少性质不同的诸因素相互比较的困难，以提高准确度。例如，对某一准则下的各方案进行两两对比，并按其重要性程度评定等级。

（五）绩效评价有效运行的保障

1. 明确绩效评价目标

对于绩效评价目标的确定，必须要有科学合理性，不能太高也不能太低。绩效评价的结果对企业战略目标的实现、员工自身职业的发展、内部管理的制度完善等方面都有很大的影响。创建财务共享服务中心的企业在进行绩效评价时，首先应当合理确定绩效评价目标。绩效评价目标可以根据企业发展规划来确定。发展战略对于每个公司来说都尤为重要，制定战略蓝图是为企业未来的发展确定一个长远的目标。一个企业集团要创建财务共享服务中心，必然会从战略层面对一个企业的情况进行全面的评估和分析，而战略规划的思路对财务共享服务中心的发展定位也起着直接决定的作用。在实施财务共享服务之前，任何企业都需要明确企业未来的发展目标及方向，根据企业自身实际情况绘制发展蓝图。在此基础上建立起来的财务共享服务才可以为公司长远的发展提供一个良好的市场竞争的后台支撑。

财务共享服务中心绩效评价目标的确定，除了要依托于企业的发展战略规划外，还需要结合中心的具体运行情况来制定。绩效评价目标不仅是指战略层面制定的总体目标，也需要结合财务共享服务中心各个部门的实际情况来分层级细化目标。针对各个部门各个流程组制定出对应的绩效考评目标，然后再将目标具体到个人，这样明确后对于企业财务共享服务中心整体运行的绩效情况、部门及工作组的目标完成情况、员工个人的任务完成情况都能制定出一套与之匹配的绩效评价方案，根据方案可以了解到各个层级的具体绩效目标完成度。根据企业发展战略规划及财务共享服务中心的实际情况明确绩效评价目标，对于中心的有效运行有着关键性的作用。只有确定了明确的绩效评价目标，才可以根据目标来完善考核制度，选择评价指标，确定权重分配，保证评价结果具有可靠性和实用性，最终确保企业战略目标得以实现、效率得以提高、成本得以降低、利润得以提升。

2. 不断完善绩效考核制度

明确绩效评价目标后，要使得绩效评价工作顺利开展，还需要对考核制度不断进行完善。只有前期的考核制度是完善的，才能确保后期评价结果具有可靠性。绩效考核制度的完善并不是一蹴而就的，而是需要从多方面进行。

首先，需要与财务共享服务中心的各层级管理者及基层员工进行沟通，针对绩效考核制度存在的问题进行讨论分析，获取他们的工作需求及工作状态，有针对性地对考核制度进行调整。

其次，绩效考核制度中应当包含明确的考核周期，根据确定的绩效考核目标，划分到一定的周期，如月度目标、季度目标、半年度目标、年度目标，每一个小周期都对绩效进行考核，从制度上对考核周期明确规定，方便考核执行。

再次，在绩效考核制度中，应当明确奖惩机制，对达到绩效目标的部门及员工甚至家属都明确激励的政策，以此来调动员工工作的积极性。此外，对没有完成绩效考核目标的员工也要进行硬性的处罚规定，以此来鞭策员工认真分析自身工作中遇到的问题。

最后，绩效考核制度制定后，在管理层及基层员工的执行力上，需要加大监督力度，确保各级管理层严格按照绩效考核制度对基层员工进行考核，基层员工也要严格按照绩效考核制度来完成工作，加强互相监督，确保绩效考评工作的顺利开展。

3. 持续优化绩效评价指标

对于财务共享服务中心绩效评价体系，国内还没有形成完整的理论基础，各个企业需要针对自身企业的实际情况来制定。要想针对财务共享服务中心构建一个完整的普遍适用的绩效评价体系尚有较大难度。目前有部分学者基于平衡计分卡的四个维度设立了一些绩效评价指标，具有一定的可行性。由此可见，对财务共享服务中心绩效评价体系中指标的构建可以从平衡计分卡的四个维度入手，然后根据企业的具体情况进行具体绩效评价指标的选择、修正、最终确定。绩效评价指标体系的构建需要利用科学合理的方法来进行，目前普遍接受的主要有平衡计分卡、关键绩效指标分析法、层次分析法，因此，要想保障财务共享服务中心绩效评价的有效运行，可以根据企业的具体情况结合以上方法来进行指标设定以及指标权重分析，确保绩效评价体系的结果有一定的科学合理性。对于各指标进行层次分析，请专家进行权重评分调查，将数据结果进行处理，搭建各层次判断矩阵，据此计算各层级针对总体综合绩效的权重大小，以及计算各层次具体指标的权重大小，来分析对绩效评价的结果，所以，具体绩效评价指标的调整优化显得十分关键。财务共享服务中心绩效评价指标的持续优化，需要根据企业的业务服务对象、主要业务处理量、财务发展目标、人才培养规划等方面对具体指标进行调整，构建可行有效的绩效评价指标体系。在确定绩效评价指标体系后，还需要结合企业财务共享服务中心的运行、员工的工作成效来不断地进行修正完善，进一步地优化绩效评价的指标体系。

4. 合理制定有效沟通机制

要保证财务共享服务中心绩效评价有效地运行，从企业内部来说，必须从上至下不断地进行沟通，这就需要制定出有效的沟通机制来确保沟通的顺利进行。财务共享服务中心对企业管理和员工工作都进行了很大的创新，更加要求员工在平时工作中高标准严要求地执行制定管理规定和业务流程操作标准，严格按照绩效考核目标完成自己的工作。企业绩效考核制度及考核指标的确定有时候存在一些不足之处，但是绝大部分工作人员基于领导的法定职位及工作压力，想言而不敢言，不敢轻易地表达自己的看法，致使工作中缺乏信心和动力，最终影响整个中心的工作效率。所以，财务共享服务中心必须要制定一个有效的沟通机制。

事前沟通：良好的沟通是顺利开展工作的基础，对财务共享服务中心进行绩效评价，考核目标和考核制度是企业管理层需要慎重考量的，考量确定目标后，上级向下级传达绩效考核指标任务时要保证能够准确及时下达到个人。针对考核制度、考核指标、考核方法，都要一一向员工做好宣传与沟通。

事中沟通：在实际评价运行过程中，需要时刻保证管理层与员工的沟通是畅通无阻的。这就需要设置一定的组织机构对绩效评价各个环节的工作时刻保持关注，针对遇到的阻碍或发现的问题，及时与领导以及员工进行沟通。

事后沟通：绩效评价结果出来后，要对绩效评价结果进行分析，上级要向下级员工反馈结果、指出优点与不足。此外，下级向上级反馈问题也要开通一定的绿色通道，提供匿名或者实名反馈通道供员工选择，上级收到员工反馈信息必须要在规定时间内与员工进行沟通。只有制定了良好有效的沟通机制，在财务共享服务中心绩效评价的各个环节，才能保证在绩效评价过程中可以及时协商、反馈问题、解决问题，提高工作效率，保证财务共享服务中心绩效评价的有效运行。

（六）绩效评价报告

绩效评价报告是用清晰、准确的语句陈述报告内容，完整地反映评价所涉及的绩效评价事实、分析过程和结论，使绩效评价报告使用者能够正确理解财务共享服务中心的绩效内容，了财务共享服务中心的运营状况。特别是将财务共享服务中心绩效评价报告作为集团经费、经营考核的依据时，绩效评价报告中的问题非常关键。所以，集团公司的财务共享服务中心的绩效评价报告需要组织相关专家对绩效评价报告进行后期评审，将评价报告的质量作为考核依据，严把质量关，促进绩效评价实施主体不断提高绩效评价水平。

绩效评价报告的主要内容如下。

（1）基本情况。主要包括两方面的内容：①财务共享服务中心的基本情况介绍，如当前背景、工作量和资金总体情况、财务共享服务中心的基本运营情况、得分情况等；②绩效目标，主要包括绩效总目标和阶段性目标，目标应该指向明确、具体细化、合理可行。

（2）绩效报告情况。主要包括：①申报的及时性；②内容的完整性；信息的准确性。

（3）绩效评价工作情况。这部分的主要内容包括：①绩效评价目的；②绩效评价原则、评价指标体系（附表说明）、评价方法是否科学规范、公正公开、分级分类、绩效相关等内容；③绩效评价工作过程。主要包括前期准备、组织实施、分析评价。

（4）绩效评价指标分析情况。根据采用的评价模式不同而采用的绩效评价指标体系也不同，如果采用平衡计分卡进行考核，那么分析情况将根据财务、客户、内部流程、学习与成长四个部分的二级指标和在二级指标以下的三级等逐级的评价指标体系结果进行详细分析。

（5）综合评价情况及评价结论。按考核内容进行分析说明，并披露总体评价结果（评分评级）。

（6）主要经验及做法、存在的问题和建议。据实总结经验和做法，对发现的问题客观公正，不隐瞒、不庇护，针对问题提出建议，为以后的工作改进提供参考依据。

第四节　财务共享服务中心的风险管理

财务共享模式改变了传统财务管理模式的弊端，提高了集团管控水平，加强了企业应对风险的能力。然而，实施财务共享将面临组织结构调整、财务人员转型、财务业务工作流程重新设计等问题，这就使其实施过程充满风险。本小节主要讨论集团企业建设及实施财务共享服务过程中所存在的风险以及风险防范措施。

一、财务共享的风险识别

财务共享实施风险的定义为：集团企业实施财务共享时所带来的与预期目标差异的可能性，这种可能性会使目标无法实现，如实施后成本上升、财务业务处理效率下降、财务业务工作无法开展、人员流失、提供的财务服务不被服务对象认可等，最终导致实施失败。

通过风险识别，财务共享服务建设及运营过程中主要有六类风险，分别是：战略规划风险、组织管理变革风险、人员变革风险、流程变革风险、系统建设风险、税务法律风险。每类风险涉及几个主要风险项目。下面对具体风险项目和涉及的问题进行说明。

（一）战略规划风险

战略规划阶段主要是完成财务共享实施前的准备和策划工作，包括确立财务共享中心的定位、目标、运作模式、业务范围、选址等内容。该过程的主要风险包括以下四点。

一是风险认识不足。领导者期望快速实施财务共享，且对财务共享实施后的效果过于乐观，会使其缺乏风险意识，从而导致风险管控力度不够。

二是计划准备不足。财务共享的实施得不到高层领导的足够重视，实施者缺乏对系统差异、信息化水平、财务核算基础的充分评估，没有准确定位财务共享中心分阶段建设目标，会使财务共享实施计划推行受阻，会影响企业战略规划的落地与执行。

三是业务范围界定不合理。管理层对财务共享的业务范围没有清晰界定，若选择范围过大，导致财务共享初期推进受阻，难以落地；若选择业务范围过小，难以达成财务共享中心的建设目标；另外，业务范围选择不当，还可能会引发业务部门利益冲突，引发强烈反抗，导致项目流产。

四是选址不当。财务共享中心的选址未考虑企业管控需求、现有办公场地以及各种资源协调难易程度等情况，会导致无法达到管控目标、出现人才流失、沟通协调难度大等风险。

（二）组织管理变革风险

组织管理变革是实施财务共享引发的组织层面变革，包括组织结构的重新调整、职能权限的重新划分、组织制度的制定、业务变更后组织的适应性等。组织管理变革风险主要包括如下内容。

第一，组织内部冲突。建立财务共享中心，会使下属单位财务权限上移，容易使下属单位产生反抗心理，影响工作情绪。

第二，业务变更不适应。财务共享服务是一种创新的工作模式，工作模式的变更使得财务与业务部门不适应，无法达到预想的工作效率。

第三，组织结构调整不适当。建立财务共享中心后，必然会使得组织结构重塑，职能与职责重新划分，这就需要企业根据自身情况，因地制宜。不当的组织结构会使流程不畅通，影响企业效益。

第四，制度制定不合理。集团企业未充分考虑组织内部的利益关系，对财务制度与管理制度的重新制定不够清晰，引发问题推诿，导致制度操作性不强。

(三) 人员变革风险

人员变革是针对财务共享后财务人员的转型，包括人员进行缩减、转移、招聘、配置、考核、沟通，也包括新的工作模式下人员的工作性质特点和工作效果等。人员变革风险主要包括以下内容。

第一，人员变革抵触。新的工作模式会产生人员削减和安置、技能转变、新环境工作等变化，这些可能会影响财务人员的利益。此外，财务人员的传统观念会使其对变革产生惧怕、抵触。如果无法进行有效沟通消除其顾虑，会影响企业稳定性。

第二，人员发展不合理。财务共享中心的人员绩效考核若缺乏健全的评价体系，不能对转型后人员的发展制定明晰战略，将难以对人员进行有效培养，导致人才缺失。

第三，人员工作性质枯燥。财务共享中心人员专业分工细，工作性质枯燥，灵活度小，缺乏和客户沟通与互动。人员在进行长期的高强度重复工作后，会产生厌烦，导致人才流失。

第四，人员沟通难度大。财务共享中心和前端业务单元、税务机构距离较远，不能有效对业务进行跟踪，企业缺乏有效沟通机制易导致沟通不畅、沟通成本高。

第五，缺乏数据敏感性。财务共享中心核算与前端管理分离，财务人员缺乏对业务真实性的判断。

第六，人员操作风险。财务共享中心人员操作不适应、不规范会导致操作风险，如发生问题单据、错误收支等。

（四）流程变革风险

财务共享的本质是流程的变革，它改变了原有以部门设置为中心的情况，向业务流程为中心转变，提倡流程的规范化、标准化、统一化和精简化。流程变革包括流程设计、新旧流程的衔接、流程执行、后续优化等。流程变革风险主要包括以下内容。

第一，流程标准化统一与设计不合理。集团未能对下属单位在财务工作流程、核算方法、财务体系的差异上进行有效规整划一，导致新流程设计不合理、财务业务工作不协调。

第二，新旧流程衔接不顺畅。旧财务流程转变到新流程的过程不能有效衔接。

第三，流程执行不力。财务共享中心不能按规定的流程进行执行，流程执行流于形式。

第四，新流程应变力不足。财务共享中心极强的流程规范与标准使其灵活性降低，对内外变化不能及时调整和修正。

第五，流程运转风险。在财务共享中心信息运转过程中，物流、资金流和信息流在新流程下不能实时统一，信息反馈不及时，工作效率降低。

第六，票据流转风险。在财务共享中心模式下，票据频繁流转，容易丢失。

第七，流程优化风险。财务共享中心建设完成后，管理层容易忽视后续的流程优化。共享中心的建设是基础，重要的是流程的不断优化及改进。如果仅维持建设完成后的现状，不加以优化及改进，就违背了建立财务共享中心的初衷，从而影响企业长远效益。

（五）系统建设风险

财务共享系统平台搭建，需要对原系统进行优化或开发新系统，需要对财务系统和业务系统进行集成与整合。系统建设风险主要包括以下内容。

第一，系统集成与整合能力不足。财务共享中心的技术支撑就是信息化，如果企业信息化水平低，系统差异大，缺乏对系统整合的能力，则无法建立有效的财务共享中心。

第二，系统设计不合理。例如，财务共享中心的系统设计不符合流程规范，权限设置不当，缺乏管理和控制能力，难以达到设计效果。

第三，系统支撑力薄弱。系统无法协调统一，缺乏有效的系统组成部分，相关功能不足，导致整体支撑力薄弱。

第四，系统安全性和稳定性不足。系统缺乏安全性和稳定性，会容易使信息丢失、泄露、被篡改和删除等。

第五，数据的共享风险。财务共享后导致系统内存储大量数据，对数据的存储、传递、加工、提取的安全性要求很高，任何环节出问题，均会影响财务数据的安全可靠性及财务人员日常办公。

（六）税务法律风险

税务和法律来源于外部环境，包括税务稽核、税务筹划、实施税收政策、保证运营的合法合规。实施财务共享使本应由下属单位各自进行属地纳税和税务管理的情况转移到财务共享中心，因而造成税务法律的外部风险，主要内容包括以下几方面。

第一，税务稽核难度大。地区税务差异大，财务共享中心距离税务部门远、与税务人员沟通难度大，无法有效进行各地纳税工作和税收管理，会引发税务稽核问题。

第二，税务政策反应不及时。财务共享中心不能及时获取新的税收和优惠政策，不能及时履行税收政策，会引发处理税收问题的滞后性，增加税务成本。

第三，税收政策选择风险。地区税务政策存在差异，无法合理选择税收政策进行税务筹划。

第四，法律法规风险。对组织架构的重新构建、操作流程的重新梳理，档案归集和管理的方式都可能面临不合法律法规的问题。

二、财务共享的风险防控措施

企业实施财务共享的六类主要风险，防控措施可从以下方面入手。

（一）战略规划风险防控

公司高层要重视财务共享中心的建设及后续的运营优化，加强风险意识，不能急于求成，要循序渐进地实施变革。依据企业战略目标，充分做好评估工作，按照公司的具体情况，建立符合自身的财务共享中心。

（二）组织管理变革风险防控

财务共享服务势必给企业带来新的组织架构，集团企业应重新定义新组织架构中的角色和职责，明确端到端的流程负责人，以及财务共享中心绩效和管理负责人。明确相应的人员职责，建立完善的组织管理标准。

（三）人员变革风险防控

基于新的组织架构和流程，集团企业应制定新的岗位及职责，以及新业务模式下的薪酬体系、考核晋升机制、人才培训和招聘。此外，找出现有组织与未来组织之间人员在职业技能上的差距，为实施变革制订组织学习和发展计划，培养符合财务共享中心的专业人才。

（四）流程变革风险防控

财务共享中心的核心就是流程的变革，为了更好地应对这一变化，企业应基于业务影响和回报对流程变革进行优先排序，对重要的流程进行优先变革。此外，集团应根据基准信息（成本、其他比率等）找到低效的流程及标准化机会，对低效的流程进行优化，还要评估现有技术和架构能否支持不同流程，以保障财务共享中心的顺利运营。

（五）系统建设风险防控

对于系统建设，集团公司应考虑技术架构如何支持财务共享服务目标，财务共享中心的管控也是对数据的管控，数据库的建设及保护尤为重要，系统建设时要明确处理数据的模型和数据保护的方法，增强数据的安全性。

（六）税务法律风险防控

集团企业可以建立柔性税务管理平台，加强税务法律队伍建设，建立税务法规知识库，通过获取外部税务机关、税务咨询机构以及行业税务法规等最新信息并及时更新至税务法规知识库，同时企业内部税务管理人员也可以及时维护发布相关税务管理和操作制度及规定实现税务管理事前预警。此外，还可以通过税务管理平台建立税务风控模型对税务风险进行及时预警，提供给财务管理人员作为参考依据，以及时对税务风险进行检查并制定规避措施。

第六章
"大智移云"时代财务共享服务的实践拓展

第一节　大数据时代的财务共享思考

随着时代发展，企业之间的竞争越来越激烈，导致企业的管理成本与风险不断增高，企业想在严峻的环境下进行创新，就要顺应时代发展的趋势，利用先进的信息技术促进企业财务管理体系的优化与完善，通过财务共享的构建来促进企业稳定、健康发展。大数据时代下，企业发展机遇与挑战并存，在激烈的市场环境中做好资源的整合和分配，把握住时机实现创新，成为当下企业研究和关注的重点。进入大数据时代，通过财务共享的构建，能够为企业提供财务决策和管理决策支持，并且提供多维度的参考信息，保证企业的管理效率和管理质量。

一、大数据时代财务共享的优势及影响

（一）大数据时代财务共享的优势

随着经济全球化的发展，我国很多大型集团企业利用智能化技术提高了自身竞争力，拓展了经营规模，大型集团的经营业务也更加复杂，分公司遍布世界各地，集团企业对财务业务的处理要求也不断提高。大数据时代下，集团企业通过大数据技术促进了财务数据的集中化和处理，通过全新的财务共享模式提高了财务管理效率、降低了经营成本。在财务共享的支持下，集团企业实现了对财务工作的统一处理，通过优化传统管理体系来提高财务人员的工作质量和工作效率。集团企业通过财务共享模式，不仅能够对母公司的财务工作进行集中处理，也能按照管理标准对旗下子公司业务进行处理，让母公司能够掌握分公司的经营数据，促进了复杂管理流程和操作流程的简化。财务共享模式要实现一人一岗，对子公司多个岗位或所属子公司进行集中管理，以此达到节省成本的目的。大数据时

代下，企业通过财务共享提高了财务管理的严谨性，将供应商及各个客户资料备注在财务共享平台上，促进了财务部门与其他业务部门的数据共享，降低了财务风险。企业的会计预算核算管理也可以通过财务共享平台提供数据和标准，按照标准进行会计核算，实现了对企业经营状态的实时监督。

（二）大数据时代财务共享带来的影响

第一，给企业的财务管理带来了一定影响。集团企业通过财务共享突破了传统财务管理的局限性，财务管理更加个性化、有特色，在财务共享的支持下管理流程更加简单、规范，有效提高了财务管理的效率。企业要找到促进发展的平衡点，保证财务共享中心能够更加便捷地应用，提高企业在岗员工的工作效率和工作质量。企业要重视业财融合以及财务活动的灵活性，找到基层员工与企业单元的平衡点，构建完善的财务共享模式。企业追求的传统财务管理的精细化和标准化管理也受到一定影响，大数据技术促进了企业内部的创新，需要企业设置合理的财务组织架构，促进财务管理的创新。

第二，由于大数据技术的广泛应用，传统的财务共享模式已经无法适应企业创新发展的多元化需求。在大数据基础上，集团企业财务组织架构较为扁平化，与传统财务多层级管理模式形成明显对比，可通过简化数据信息传递上报流程来提高信息传递的效率。传统财务管理模式下烦琐的流程也导致了财务与业务之间的交流障碍，通过财务共享中心可以简化审批的复杂流程、减少管理成本、提高管理效率。通过财务共享中心的应用，能够从业务系统端收集业务前端的数据，将控制管理流程移到业务环节，保证财务报告的真实性、可行性。

二、大数据时代财务共享中存在的问题

第一，缺乏对财务共享的重视，财务共享的定位较为模糊。当前，企业发展中财务共享机制依然处于探索阶段，相关政策和制度都不够完善，也是因为这样，一些企业在发展中无法明确财务共享的定位，缺乏对财务共享本质的掌握，因而不重视财务共享的构建。也有部分企业认为财务共享在财务管理中只是通过信息技术来实现对财务信息的管控，对财务共享的价值和功能缺乏明确的定位，未能认识到财务共享在企业经营决策中的价值，即使实施了财务共享，也无法将财务共享的作用发挥出来。

第二，缺乏风险意识，无法给予市场动态高度关注。在大数据时代下，企业迎来了新的发展机遇，也面临巨大的挑战。企业在发展过程中缺少风险防范意识，也不重视市场的动态发展，这不仅会导致企业错过最佳的发展机会，也会导致企业面临巨大的风险和挑

战。针对我国市场的动态变化来说，为了促进经济的发展，要根据国际形势和我国经济发展现状及时调整财务政策。企业要想在新时代下健康发展，就要积极了解我国颁布的最新财务政策，并且根据新财务政策的要求调整财务管理的内容。大多数企业缺乏对市场动态的重视，无法及时掌握财务政策，导致企业发展遭遇财务风险的影响，因此产生巨大的经济损失，不利于企业的生存与发展。

第三，无法保证信息安全。大数据时代下，最突出的特点就是信息量剧增，企业的财务管理工作需要每天处理和分析大量的信息，而且企业的发展也对财务信息提出了较高的要求，财务管理中的信息处理难度不断增加。就算构建了财务共享模式，每天处理数据的工作压力还是非常大，财务共享模式能够保证在信息量不断增大的情况下，财务信息处理质量依然能够得到提升。针对当前企业的财务共享模式而言，财务信息处理中会出现信息堵塞、信息延迟的情况，信息安全也会因此受到多方因素的影响，为企业财务共享的构建带来极大的挑战。在财务共享建设中，只有做好信息安全的保障，才能发挥财务共享的作用。

第四，缺乏专业的人才。企业在实施财务共享后，也对财务人员的能力提出了更高的要求，从发展现状来看，财务人员的专业素质和自身能力无法满足财务共享的具体要求，只能通过财务共享系统来处理信息和数据。在财务工作是否能够与企业业务结合起来、充分发挥财务共享在企业经营决策中的作用等方面，还有很大的发展空间。首先，财务人员的专业能力和综合素质较差；其次，企业不能重视对财务人员的专业培训，没有按照财务共享构建的需求对财务人员进行理论和技能的培训，从而导致财务人员的专业能力和职业素养较差，也妨碍了企业财务共享的建设，甚至还会出现财务工作混乱的情况。企业实施财务共享模式进行财务的集中化管理，财务人员的专业能力也因此受到重视，财务人员无法与其他部门或分公司在业务上进行沟通，各种数据信息是财务人员工作的重心。标准的财务管理模式中，工作流程被简化，工作模式就像流水线，面对复杂、大量的财务数据和财务报表，财务人员很容易出现疲倦感，而且工作压力加大，机械化的办公必然会对工作质量产生影响，而且由于财务人员的岗位流动性较大，企业对财务人员的管理面临很大的难题，无法保证企业的可持续发展。

第五，财务共享模式自身风险。财务共享中心以往主要应用于大型集团和跨国企业中，适用于企业规模大、业务分散、经营多元化的企业。随着大数据技术的发展，财务共享中心也逐渐适用于中小型企业，企业的财务管理也因此发生了重大变革。财务共享作为新型的财务管理模式，在企业建设财务共享中心的时候需要投入大量的人力、物力和财力，从而构建出符合多方利益主体的新型财务管理系统，财务运行的协调性和平衡性也要进行重点把控。财务共享中心对企业实力提出极高的要求，一些中小型企业由于经济实力、竞争实力较差，无法进行构建。大型集团会选择竞价比较高的城市来构建财务共享服务中心，因此要考虑成本问题。财务共享中心后期运行维护也需要一定的资金和人力投入，若是财务共享中心的应用效果较差或无法达到预期目标，就会造成严重的经济损失，财务系统也会存在巨大的安全风险。

三、大数据时代下财务共享构建的对策

（一）明确财务共享的定位

企业在进行财务共享建设时，要重视财务共享在大数据时代的重要性，确定财务共享的定位，同时结合企业的发展需求和实际应用情况，明确财务共享模式的功能，提高企业财务共享的科学性和有效性。企业领导要在财务共享中发挥带头作用，给予财务共享高度重视，与财务人员一起确定财务共享在企业中的定位。

第一，处理层。财务共享的处理层主要负责对数据进行集中处理，通过信息化软件和系统来完成，并且能够对财务信息数据流程进行管理，保证财务信息的准确性和真实性。

第二，决策层。财务共享中通过有效的信息处理获得信息处理结果，结合企业战略发展目标和经营现状，为企业经营决策提供坚实的参考依据，保证决策的有效性。

第三，咨询层。咨询层主要服务于企业各种业务、审计等，保证数据的真实性、科学性，为企业改革奠定良好的基础。企业在财务共享构建中，要在明确财务共享框架基础上，针对企业的结构和制度进行优化，在财务共享的基础上促进财务管理有序开展，保证财务管理效率。

（二）提高风险防范意识，做好市场动态分析

提高风险防范意识并做好市场分析是大数据时代下开展财务共享的基础，能够帮助企业有效规避风险，促进企业可持续发展。企业要结合自身情况对市场动态进行分析，掌握国际市场发展动态，结合我国财务政策制定企业发展战略。

第一，提高企业的风险防范意识。财务共享构建中树立基本的风险防范意识非常重要，具备风险意识才能让企业对市场动态发展有一个积极的了解，掌握我国市场和政策的相关要求，保证财务共享能够顺应企业的发展趋势。企业要提高工作人员的风险防范意识，让所有人员都能认识到市场趋势的变化，掌握潜在的风险，制定针对性的预防对策。企业也要积极完善财务制度，然后进行财务共享的建设，为企业规避风险奠定基础。

第二，提高风险识别能力和防范能力。针对企业发展现状而言，大多数企业在效益下滑或遭受巨大损失后，才对问题的原因进行事后处理，但损失已无法挽回。企业只有提高风险识别能力，才能更好地分析风险、识别风险，制定预防对策，减少经济损失。

第三，企业要针对发展现状，分析企业人员结构、制度和管理系统，发现其中存在的风险，在人员结构、制度机制优化的同时，制定有效的风险应急管理对策，保证企业的风险控制能力。

（三）加强信息安全保障

企业不仅要提高信息处理能力，还要保证信息的准确性、完整性和安全性，这也是大数据时代下财务共享应用的意义。通过先进技术的应用，保障财务共享系统的稳定性，在信息传输和共享中保证信息的安全。财务共享系统建设中，要通过数据挖掘技术和信息过滤技术来提高财务共享功能，提高财务共享系统的效率，推动财务共享的智能化发展。为了避免数据和信息堵塞、延迟以及系统崩溃引发的信息安全问题，要做好信息数据的备份，在出现安全风险时能够对受损的信息进行恢复，以免给企业带来严重损失。

总之，大数据时代下，各种信息技术为财务共享系统的构建提供了支持，通过信息技术能够实现财务共享中心的完善构建，企业通过信息化手段可发挥财务共享优势。在大数据时代下，数据信息成为企业生产经营的重点，如何利用大数据技术来规避财务共享风险，也成为当下需要考虑的重点问题，有待进一步研究。

第二节　人工智能时代的财务共享服务

人工智能时代的来临，不仅给传统的财务管理工作带来了巨大的挑战，同时也因为资本市场的创新与变革，催生了崭新的财务管理工作模式。而财务共享服务恰恰就是基于人工智能时代出现的一种全新财务管理模式，并且其理论已经得到世界理论界与实务界的广泛认同。但因为财务共享服务体系的构建在我国的发展时间相对较短，在理论与实践上仍存在一些不足。所以伴随着财务共享服务的不断应用与推进，如何充分利用人工智能优势，嵌入风险管控思维，对财务数据加以规范，最大限度地提高财务管理工作的服务水平与服务效率，俨然已经成为专家、学者以及财务管理工作者深入探索与研究的重要课题。

一、人工智能时代下财务共享服务存在的不足

自我国进入人工智能时代以来，无论是人工智能技术还是大数据技术、云计算技术都

为财务共享服务的假设与推广奠定了十分坚实的基础,并且进一步加快了财务共享服务理念的传播速度。尤其是自从财务共享服务出现以来,传统的会计从业人员俨然已经从附加值相对较低、劳动密集度相对较高的核算会计中解脱出来,向着与内部决策分析相关的管理会计工作进行转变,以期通过统一的财务规范,为人们提供更加准确的财务信息,做好风险控制,降低企业的财务管理成本。

然而因为各个企业所处发展阶段各不相同,经济业务的复杂性也不尽相同,会受到内外部因素的诸多影响。因此,财务共享服务在实践建设与实施过程中仍存在不足之处。

(一) 业务流程不够规范

企业推行财务共享服务模式以后,基础的核算工作可以由财务共享服务中心进行统一化的集中处理,而相关的会计核算人员则负责处理日常性的业务,然而在这个过程中因为没有对流程操作进行深入的研究与探讨,以至于业务流程不够规范,尚存在着较大的问题,严重影响到财务共享服务的工作质量与工作效率。如推行财务共享服务以后,在企业的报销流程中可以通过电子影像传输技术,对票据实现采集。虽然相对于传统票据的手工整理而言,工作效率有着明显的提高,但是因为部分企业的报销票据在审批流程上并未实现电子化,仍需走线下审批环节,也就大大限制了报销时间与空间,无法与电子影像技术的服务效率进行完全匹配。还有部分企业因为没有构建标准化的管理制度、票据不够规范、流转过程中发生遗失等问题,一方面增加了企业的管理成本,另一方面也影响了整体工作效率。

(二) 绩效考核不够完善

虽然现如今绝大多数的大型集团企业都已经构建了财务共享服务中心,但仍旧缺乏一个科学有效的绩效考评体系,以至于整个团队的目标意识涣散,根本起不到激励与引导企业员工的作用。而造成这一问题的关键还是因为财务共享中心缺乏全局意识。尤其是集团性企业的分公司与子公司之间业务范围具有较大的差异性,绩效目标也不尽相同,也就导致了财务共享服务中心的整体绩效目标不一致,绩效考核结果不具备可比性。

(三) 风险管控不够合理

推行财务共享服务中心以后,通过集中核算模式虽然大大提高了企业的工作效率,但相伴而来的会计信息风险也与日俱增。尤其是对拥有分支机构的企业而言,进行集中核算后,分支机构的会计从业人员无法掌握相应的财务信息,并加以查证,也就加大了财务风险。如企业在报销差旅费时，部门负责人通过电子影像系统能够对差旅费票据进行审核、入账，但是对差旅费的金额是否合规、合理却无法作出准确的复核。

（四）数据资源开发不够充足

虽然财务共享中心的构建能够让企业拥有更多的数据资源以供查看，但是绝大多数的负责整理、分析数据的会计工作人员，并没有对数据挖掘技术进行充分的利用，为企业管理者的决策提供有用的辅助数据信息。同时也没有将海量的数据资源转化成为具有价值的知识信息，在数据管理方案的洞察上有所欠缺。

可以说在人工智能时代，财务共享服务中心的构建为重复性财务核算工作提供了智能化自动处理与数据支持，实现了业务处理的标准化与高效化，但是距离充分发挥出财务共享服务的真正价值还有着较大的差距，因此还有许多的问题需要进行深入的探索与研究。

二、人工智能时代下财务共享服务的构建

财务共享服务应该向着智能化、深入挖掘数据化、人机交互化方向发展，形成新的动能增长点。

（一）智能化财务共享服务的构建

现如今的会计信息在先后经历了核算信息化时代、管理信息化时代以后，已经逐步走入了智能化、知识化信息时代。也就是说现如今的财务共享服务在处理了大量的企业财务信息时，智能化发展正在逐步取代人工重复操作。也正基于这样的时代背景之下，依靠传统的人际可视化交互手段，在整理、加工以及挖掘、创造数据信息的过程中，充分发挥出计算机在企业业务流程、财务流程的感知能力，借助于类人思维，能够有效实现财务会计从低端向高端智能化的有效转型。如用友为人们提供的智能化核算服务，就能够通过对大量数据的读取、存储、分析，实现业财税一体化。所以智能化财务共享服务平台的构建将是人工智能时代下，财务共享服务的重要发展方向，以期实现对财务信息的精益化管理。

（二）深入挖掘数据的潜在价值

财务共享服务能够为企业提供大量的业务数据，并且通过对业务数据的价值管理，实现对数据的深入挖掘，这也是人工智能时代下对财务共享服务的基本要求。特别是利用数据挖掘技术对数据信息进行深入的挖掘，发现数据与数据之间的潜在联系，对有用的信息资源加以筛选、运算，对业务规律加以揭示，恰恰就是现阶段财务共享服务的构建方向。

基于此，财务共享服务中心可以通过计算机先进的数据模型，对规律加以总结，得出预算管理、税收筹划等决策信息，让数据挖掘技术真正成为获取知识的重要工具，最大限度地对会计信息资源的价值加以开发。

（三）人机交互化发展

智能化财务共享服务的构建，需要依靠财务人员与信息技术的共同发展，也就是未来智能化财务共享服务必须要充分实现人机交互。通过在财务共享服务之中内嵌的财务机器人以及人工智能助手，实现财务服务的智能化发展。而这就需要会计从业人员必须要对自身的职业惯性加以改变，改变自身的思维与角色，能够熟练掌握数据管理方法、数据挖掘技术，能够充分利用商业智能工具，使自身真正成为数据的消费者，实现财务共享服务的有效升级与增值。

第三节　移动互联网趋势下的财务共享服务

移动互联网是互联网与移动通信各自独立发展后互相融合的产物，移动互联网的概念是相对传统互联网而言，强调可在随时随地，在移动中接入互联网并使用业务。从技术层面而言是以宽带 IP 为技术核心，可同时提供语音、数据和多媒体业务的开放式基础电信网络；从终端而言，用户使用手机、ipad 等移动终端，通过移动网络获取移动通信网络服务和互联网服务。移动互联网完美融合了移动随时、随地、随身和互联网分享、开放、互动的优势。随着 5G 网络的广泛使用，网速越来越快，为移动互联网在财务共享服务中的深入应用提供了可能。

一、移动互联网下的业务审批移动化

移动互联网应用到财务共享服务中是一种必然的趋势。在 2G 时代，一些企业就试图通过手机短信、手机彩信或者 WAP 访问方式进行简单的移动审批，由于受到网络条件的限制，仅能够交互简单的信息，交互的信息量十分有限。随着 App 的盛行，网络条件不断改善，财务共享服务中心费控系统中的移动在线审批将会日趋流行，信息内容日益丰富。财务共享服务的目的就是要跨越地域、跨越时间的局限，加强企业集团对业务单位的控制，实现财务业务一体化。移动互联网的发展为财务共享服务的创新升级创造了条件。企业将费控系统中的审批环节迁移到移动端，使得业务领导的审批不再受到时间和地域的限

制。

以应付流程为例，应付账款通常涉及企业的采购业务，企业需要采购物资，首先是物资使用部门本部门实际物资需求情况，制订请购单，由请购部门经理审批签字；其次交由采购部门，由采购部门经理审批签字；再次交由企业总经理审批签字；最后采购员根据审批后的采购单进行采购物资。采购完成，涉及账款支付，需要财务经理审批签字。这一系列过程看似有条不紊地进行，实则需要耗费大量的时间和人力。集团公司旗下拥有许多跨区域的分子机构，比较分散，进而使业务审批成为企业集团业务人员遇到的一大难题。财务共享服务的费控系统在一定程度解决了这一难题，但随着移动互联网的发展与 App 方式的兴起，企业集团可以建立独立的 App，当用户提出审批请求之后，App 语音自动提醒业务领导进行审批业务，业务领导可以不再受到时间、地域的限制，随时、随地进行业务审批，业务人员不再为领导审批签字忙得焦头烂额，节约大量的时间，使业务人员投入企业更有价值的业务活动中，为企业创造更大的经济效益。

二、移动互联网下费用管理的移动化

财务共享服务中心商旅系统和费控系统的建立与运用，大大解决了企业员工商旅报账难、报账慢的问题。伴随移动互联网的推进，将移动互联网与商旅系统、费控系统相结合，使商旅管理、报销管理更加智能化、移动化，将会是财务共享服务费用管理未来发展的趋势。

目前，市场上大量涌现出费用报销系统，如喜报销、全程费控等，企业可以采用外购和自行构建两种方式建立商旅费用报销系统。企业员工根据要求在移动端下载企业商旅费用报销系统 App，员工可以通过工作证号码注册登录 App，完善个人基本信息，员工根据自身需要设置费用类型、语言设置、币种设置等。业务人员可以在 App 移动端随时随地进行机票、酒店等事前申请，由业务领导在 App 上进行审批和商旅管理，业务人员根据行程随时随地记录账单、拍摄原始票据上传系统，财务主管根据业务人员上传信息进行报账处理，利用网络支付技术，实现业务人员商旅费用报销即报即得，提高企业员工满意度。与此同时，企业高管也可以通过移动商旅报销系统对业务人员从费用发生到最终报销的各个环节进行全程管控，使企业拥有更完整的视角，所有的费用记录及交易流程将变得更加透明化、可视化。

三、移动互联网下运营管理的移动化

运营管理是企业财务共享服务框架中六大要素之一，运营管理肩负了对业务流程、组织人员、信息系统进行不断优化的责任。一套符合自身发展阶段、适应企业战略的运营管理体系是财务共享服务框架中不可或缺的一环。财务共享服务的运营管理体系包括九个方面，即目标管理、绩效管理、服务管理、知识管理、人员管理、质量管理、流程制度、标准化、信息系统。

随着移动互联网的发展，将财务共享服务的运营管理体系迁移到移动端。就目标管理而言，财务共享服务中心将其确立的目标清楚明了地展示在员工的移动端，员工可以随时随地进行阅览，还可以在移动端建立论坛进行交流，为管理层与员工搭建沟通的平台，为员工指明财务共享服务中心努力的方向和可以改进的领域。就绩效管理而言，绩效管理强调组织目标与个人目标的一致性，强调组织和个人同步成长，形成"多赢"局面，财务共享服务中心对员工绩效进行考核，员工能通过手机、ipad 等移动端查看自身的绩效情况，进行考勤、请假、任务调整申请等处理。就人员管理而言，财务共享服务运营管理体系移植到移动端，企业员工可以通过移动端进行在线学习，组织可以在移动端对员工进行培训，并且在移动端制定测试卷，定期对财务共享服务中心的员工进行知识测评，系统自动评估分数，员工根据自身情况进行查漏补缺，提高财务共享服务中心人员的知识水平。就服务管理而言，财务共享服务外包服务如雨后春笋一般发展起来，中兴通讯作为全国第一家设立全球财务共享服务中心的企业有着丰富的财务共享运营管理和咨询服务经验，为中国电信国际公司启动电信国际财务共享中心建设提供全面的财务共享方案咨询；长虹集团在 2008 年建立财务共享服务中心同时也在外部咨询服务方面迈出重要一步，2009 年为泸州老窖进行财务共享服务中心建设提供咨询。在移动互联网发展的趋势下，财务共享服务中心可以鉴于微信应用的高度普及化，充分利用微信平台，建立自己的企业号、订阅号，公司内外部客户可以通过订阅号进行咨询，企业财务共享服务中心通过移动渠道对内外部客户提供服务，一方面促进企业经济效益的增长；另一方面也促进财务共享服务在我国的发展，使越来越多的中小企业都能够建立财务共享服务中心，降低运营成本、提高业务处理效率、加强企业管控能力。

移动互联网正在逐渐渗透到人们生活和工作的各个领域，将移动互联网应用到财务共享服务是一种必然的结果。移动互联网趋势下的财务共享服务是财务共享服务在技术上的创新，将进一步发挥财务共享服务在企业集团中的意义，同时也为其他企业集团实施并发展财务共享服务提供参考依据。

第四节　云计算驱动财务共享服务的创新变革

随着信息技术的迅猛发展，云计算已成为推动各行业创新的关键驱动力。在财务共享服务领域，云计算技术为企业提供了巨大的机遇和优势，推动了财务管理的数字化转型和业务模式的创新。本节将探讨云计算在财务共享服务中的关键作用，重点关注数字化转型和数据集成方面的创新应用，以期为读者展示云计算如何驱动财务共享服务的创新变革。

一、云计算在财务共享服务中的关键作用

（一）数据安全

在财务共享服务中，数据的安全性是至关重要的。云计算通过提供高级的安全措施和多层次的数据备份，为财务数据的存储和传输提供了可靠的保障。云计算服务提供商通常会采用强大的加密技术来保护数据的机密性，同时还会实施严格的访问控制策略，限制非授权人员对财务数据的访问。此外，云计算还提供了灾备功能，确保财务数据的可靠性和可恢复性。通过云计算技术，企业可以放心地将财务数据存储在云端，实现数据的安全共享和管理。

（二）效率提升

财务共享服务的核心目标之一是提高财务运营的效率。云计算技术能够为企业提供高度灵活和可扩展的计算资源，使财务系统能更快地处理大量数据和复杂的计算任务。通过云计算，企业可以轻松地扩展计算能力，满足财务处理的需求。此外，云计算还提供了强大的数据分析和挖掘工具，可以帮助企业更好地理解财务数据，提供准确的决策支持。通过云计算技术的应用，企业可以实现财务数据的实时共享和分析，提高财务决策的精确性和时效性。

（三）成本降低

云计算技术在财务共享服务中还能够实现成本的降低。传统的财务系统通常需要大量的硬件设备和软件许可证，这不仅需要高额的投资，还需要额外的维护和管理成本。而云计算技术通过提供基于订阅的模式，使企业能够按需购买和使用计算资源，避免了大量的

前期投资。此外，云计算还能够实现资源的共享和合理利用，进一步降低了企业的财务成本。通过云计算技术，企业可以灵活调整计算资源的使用量，根据实际需求进行付费，提高了财务运营的经济效益。

综上所述，云计算在财务共享服务中发挥着关键的作用，为企业提供了数据安全、效率提升和成本降低等多重好处。通过云计算技术的应用，企业能够更好地实现财务数据的共享和管理，提高财务运营的效率和准确性，降低财务成本，为企业发展提供有力支持。随着云计算技术的不断发展和成熟，相信在未来的财务共享服务中，云计算将继续发挥重要的作用，为企业带来更多的机遇和挑战。

二、云计算在财务共享服务中的创新应用

（一）为数字化转型提供基础

云计算为财务共享服务提供了数字化转型的基础。通过云计算平台，企业可以将财务数据和业务流程实现数字化，从传统的纸质文档和手工处理转变为电子化和自动化的方式。云计算的弹性和灵活性使得企业能够随时随地访问财务数据，进行实时的共享和协作。同时，云计算技术还提供了强大的数据分析和挖掘能力，帮助企业深入洞察财务数据背后的价值和趋势，为决策提供科学依据。数字化转型使得财务共享服务更加高效、准确，为企业带来了前所未有的竞争优势。

（二）提供可靠的数据集成平台

财务共享服务需要集成不同部门和系统的财务数据，以实现全面的财务管理和决策支持。云计算通过提供可靠的数据集成平台，打破了数据孤岛，实现了多源数据的集成和整合。云计算技术能够无缝地连接不同的财务系统和应用，实现数据的自动同步和共享，减少人工干预和数据重复输入的错误。数据集成使得财务共享服务能够全面融合各个部门的数据，提供全局的财务视图，为企业高效决策提供可靠的基础。

（三）多样的创新应用

云计算的引入为财务共享服务带来了多样的创新应用。首先，云计算为企业提供了灵活的资源配置和付费模式，使得中小型企业也能够承担高效财务共享服务的成本。其次，云计算的弹性和可扩展性，使得财务共享服务能够随着企业规模和需求的变化而灵活调整。此外，云计算还为财务共享服务提供了强大的安全保障和灾备能力，保护财务数据的

安全性和可靠性。这些创新应用为企业带来了更多的选择和可能性，推动了财务共享服务的不断发展和完善。

总之，云计算作为一项强大的技术驱动力，正在推动财务共享服务领域的创新变革。通过数字化转型和数据集成，云计算为财务共享服务带来了高效、准确的财务数据共享和整合能力，提供了强大的决策支持。同时，创新应用的引入为企业提供了更多的选择和机遇，推动了财务共享服务的不断发展和完善。随着云计算技术的不断演进和创新，相信财务共享服务将在云计算的推动下迎来更加灵活、智能的未来。

第五节 财务共享的创新发展与未来展望

一、创新财务共享发展模式

随着大数据、云计算、移动互联网、物联网、人工智能等新一代信息技术的推广应用，互联网快速普及，全球数据呈现爆发式增长、海量集聚的特点，对经济发展、社会治理、国家管理、人民生活都产生了重大影响，世界各国都把推进经济数字化作为实现创新发展的重要动能，在各个环节做了前瞻性布局。我国政府近年下大力气推动经济转型升级，也强调要以供给侧结构性改革为主线，加快发展数字经济，推动实体经济和数字经济融合发展，尤其是要推动更多的工业企业加速向数字化、网络化、智能化发展；要以数据为纽带促进产学研用深度融合，形成数据驱动型的创新体系和发展模式。财务共享服务模式的应用已成为推动企业管理转型、提升企业财务管理水平、推动企业创新发展的重要途径。

财务共享作为管理会计领域过去 30 年的重要创新，在"新财务"时代也正面临着定位与价值的重塑，并逐渐突出管控这一重要元素。基于中国企业财务共享多年的应用实践和创新发展，管控服务型财务共享应用也开始呈现出五种成熟度状态，分别是核算共享、报账共享、标准财务共享、业财一体化财务共享以及大共享。核算和报账共享是财务共享的初级阶段，解决财务人员成本大量投入等问题；从标准财务共享模式以后，企业开始成立独立财务共享中心，组织、人员等发生根本性变革；业财一体化财务共享模式下，财务管理实现了管控前移，降低了财务风险，从而支撑企业精细化管理以及内控落地；而大共享则是企业内部财务、采购、人力资源等能集中的项目都要进行共享。"新财务"时代，企业要实现可持续发展，建设契合自身的管控服务型财务共享中心将是一项重要工作内容。

目前，国内仍有很多企业认为财务共享就是一般服务型财务共享，历经会计电算化时代、ERP 时代、业财融合时代，如今我们正逐步进入一个万物互联、开放共享的时代，也是"新财务"时代。管控服务型财务共享不再仅仅是报账平台、影像系统、银企直联等，而是要以创新为最大动力，突破业务、财务、税务的职能界限，真正实现"财税共享"。从企业的长远发展角度，建设管控服务型财务共享是中国企业财务共享中心建设的必然趋势，给企业带来的价值也是不可估量的。

财务共享服务模式是以信息技术（业财融合）为依托、以财务业务流程处理为基础，以优化组织结构、规范流程、提升流程效率、降低运营成本或创造价值为目的，以市场视角为内外部客户提供专业化生产服务的分布式管理模式。信息化建设的重要性在于其建设成效严重影响着财务共享服务中心运营管理目标，其对于业务流程和审批流程效率的影响直接作用于企业的整体运行效率，进一步对财务信息质量、风险控制水平等产生极其重要的影响。

集团企业是现代企业的高级组织形式，以一个大企业为中心，利用资产、资本、技术和契约等为纽带，将多个具有法人地位的企业联合成为有紧密利益关联和共同战略目标的经济组织。近年来，随着中国市场化导向经济的深入，集团企业无论在规模上还是在数量上均迅猛发展。中国集团企业在《财富》世界五百强企业中所占的比例越来越大，但管理控制水平比起欧美五百强企业，还是存在相当大的差距。国内集团企业管控模式并不成熟，管控力度也相对较弱，因而，集团的整体经营与管理效率更低。根据企业管控类型选择合适的管控服务型财务共享服务模式，对集团管理控制系统优化与发展显得尤为重要。

如今，国内众多大型集团企业已经在不同层面建立了财务共享中心，尤其在建筑、金融及制造等行业中已实施共享中心的企业集团占比极高。纵观中国企业财务共享的多年实践，财务共享在企业的应用模式与企业管理实际状况、信息化应用情况有密切关系，并不是一味地建立独立的服务型财务共享中心，而是一个循序渐进与持续优化的过程。在业内人士看来，技术本身是不断迭代的，用户的需求也在随着新时代的出现而不断地改变，财务共享也不例外。

对财务共享的不断诠释和定义，是集团企业财务领域的不断创新和与时俱进的表现。如今，以管控服务型财务共享为核心的新财务，在财务职能上与以往相比有五大转变：第一，从注重结果到注重过程。第二，从管控型到管控服务型。第三，从格式报告到智能决策。第四，从业务监督到战略指导。第五，从守护价值到创造价值。换句话说，财务管理进入了新的历史时代，财务共享服务的实施使得集团企业的战略和财务、业务与财务相融合，为集团企业提供了更为相关的、实时共享的精细化信息，从而为企业财务转型以及可持续地创造价值奠定了良好的基础。

（一）财务共享与智能化

管控服务创新型财务共享是创新技术和信息系统的融合体。在共享服务诞生之初，信息系统还未展现出巨大的协作功能，但如今，信息系统已成为共享服务不可或缺的组成部分，并在几乎所有共享服务中发挥着重要的支撑作用。

财务共享中心作为独立的实体运行后，需要一套完整的信息系统为其提供支撑和保障。很多公司在成立财务共享中心后都陆续建设了自己的信息系统，并将一些成熟的系统付诸实施和应用。据一项调查显示，在财务共享服务中应用最为广泛的技术包括工作流技术、ERP、文档影像、数据分析和报告工具、数据仓库、员工自助报销、电子报销、电子支付、客户关系管理、电子账单等。这些信息化技术的应用极大地改善了共享服务中心的工作效率和质量，为企业管理提供了便利。

推进财务共享模式的创新和应用，首先需要持续优化完善信息系统，深入推进信息化应用，提升企业信息化建设和应用水平。遵照建设"实用、好用、管用"的信息系统建设基本理念，积极收集和解决信息系统应用过程中产生的问题，不断完善企业内部业务系统的性能、功能和模式的设计，加大业务系统的推广力度，扩大业务系统的应用和适用范围，加强业务系统与企业实务相结合，提升企业信息传递和使用效率，切实提高企业的总体业务质量和水平。

（二）财务共享与业务创新

业务流程优化创新改革属于业务层面的顶层设计，是财务共享应用中信息化建设的基础，事关未来信息化建设的成败，建立科学合理的流程管理机制，进一步明确流程管理的组织、人员、流程，通过客服反馈机制、现场调研、座谈会、在线问卷调查等形式，及时掌握业务规则与管理实际的差异，尽快协调管理层根据制度对规则的合理性作出判定，对不合理规则要及时进行修订完善，确立与企业管理水平相适应的分级授权，防止因集权与分权的矛盾导致业务的效率降低或停滞，从内部控制的角度出发进行全面梳理和优化，提升企业流程管理水平。同时，应制定清晰合理的业务规则，将业务流程与规则有机结合，保证基于规则的业务流程稳步高效推行。

管控服务创新型财务共享中心的流程规划战略需要专注于财务共享中心的战略定位。由于管控服务创新型财务共享中心的特性，在建立之初就已经对战略进行了明确的定位，因此，财务共享中心的流程设计，需与共享中心战略始终保持一致，以共享中心战略为流程设计规划战略，以共享中心目标为流程目标，以流程的最优化效率为核心，来指导流程设计的工作。

流程设计应坚持"考虑同质性、兼顾特殊性"的原则，既能满足相同业务流程的流转，又能使特殊业务也纳入共享中心集中处理。例如，某建筑施工企业的核心业务是工程施工，但除核心业务之外还有房地产开发、设备租赁、物业管理等业务，针对各个板块的业务内容及标准差异较大的情况，应按业务板块管理和设置不同的流程。流程设计时需考虑的因素主要有流程成本、流程效率、流程风险、流程客户满意度、流程责任人等方面。为保证财务共享中心未来流程的高效、稳定、规范运转，管控服务创新型财务共享中心的流程设计工作应尽可能地深入流程的最小单位，从全业务场景出发，为满足最低层级的子流程结合企业的实际发展需要进行明细设计创新。

财务会计业务需要标准化的内容有很多。如会计核算方法统一、会计科目核算口径统一、财务报表口径统一、数据标准化、操作规范标准化和岗位职能标准化等。各单位的业务处理存在差异，通过管控服务创新型财务共享中心统一业务处理标准，财务会计业务处理标准化将提高财务信息质量和处理效率，并真实反映实际业务的经营情况。在初步建立财务共享的框架和运营模式后，应当不断提升共享中心的管理水平，实现共享中心发展与企业管理提升的良性共振。通过共享中心的发展，持续推进管理的标准化和规范化，实现共享中心发展与企业管理提升相谐相生。

业务流程通过对组织人员的工作步骤进行描述，以流程视角，规范工作步骤，标准工作接口。流程的标准化和科学化是财务共享中心得以高效运作的基础，也是实现信息化的前提。同时，业务流程也是制度管理、标准化管理等运营管理制度的根基，它一方面影响着运营管理的实施；另一方面又被运营管理手段所支撑，使得流程可以在管理监控下，保证流程的时效、质量和成本目标。推动企业在业务流程标准化层面的创新，有利于提高企业的运营效率，实现共享中心发展与企业管理的共同提升。

（三）财务共享与体制创新

集团公司财务共享服务中心的体制和业务规则应当是以法律法规和企业规章制度为依据，从有利于理解和执行的角度梳理后进行条目化处理后形成的，业务规则首先肯定是合法合规的，对于部分特殊业务因为外部环境和自身管理的因素难以落地，不应一刀切地弱化，而是应该逐条分析，对于自身管理的因素，应正面解决，维持刚性，对外部环境因素，无法改变的，可按规定的流程，在受控的前提下变通解决。在建设运营过程中持续反复梳理、审视业务规则，细化规则设置，缩减所有规则项的模糊空间和执行自由度。

在细化业务规则的同时，也应当固化稽核标准，通过固化稽核任务清单的方式明确业务处理标准，并辅以日常业务培训、组长质量抽检、线上业务监察等手段监控稽核质量，建立有效的绩效管理评价机制，加大缺陷业务扣分处罚力度，并纳入员工绩效考核，促使稽核质量逐步提升。

（四）财务共享与人才转型

组织与人员的构成和运作多依赖于其他模块：战略定位决定了组织人员的设计依据；业务流程明确了组织人员如何设计和配备；信息系统平台又为组织目标提供了强有力的支撑和保障；运营管理则肩负着对组织人员绩效、发展、培训的管理责任，使得组织人员始终处于优化提升的过程之中。组织设计不是一张简单的组织结构图，目的是围绕其核心业务建立强有力的组织管理体系，降低组织管理成本，增强组织应对环境变化的灵活性，从而达到提高组织运作效率的目的。管控服务创新型财务共享中心有别于传统的业务部门组织，是一个专业的管控服务提供部门。比起传统组织，管控服务创新型财务共享中心更强调标准化的流程、专业技能与服务的提供。

财务共享中心需要配备优质的会计人员队伍，以保障财务共享中心的顺利运作。会计人员需要专业知识过硬、熟知政策和流程、具备较强的沟通协作能力，还要有较强的责任心才能胜任。培养数据分析人才，依托财务共享平台逐渐积累的企业大数据资产，积极拓展数据分析、决策支持领域的增值服务项目；依托共享中心衍生的"知识中心"，选择高素质人才建立培训团队，积极拓展对内对外培训业务，开展各类财务专业培训，通过"请进来，走出去"的方式，畅通人才交流渠道，打造人才培养与交流中心；争取"产研"合作项目，与专业院校携手建立人才培养基地、大学生实习基地等；积极开发外部市场，承揽外包服务项目，输出共享价值；充分考虑员工在财务共享应用中的重要作用，在培养建设内部师资力量、向员工推广财务共享模式和理念的同时，应当从员工的切身利益出发，充分考虑如员工职业发展等问题，从而提升企业内部人力资源的利用效率，培养熟悉企业业务流程并掌握财务共享模式应用的高级人才，提升企业员工的综合能力。

财务共享中心成立初期，人员来源主要包括两部分：内部抽调和社会招聘。内部抽调可以从纳入财务共享中心的单位现有财务人员进行抽调，此部分人员对于公司原有业务流程比较熟悉，可以更快地成长为财务共享中心的业务骨干。社会招聘可以考虑招聘有过财务共享中心工作经验的财务人员，可以借助此部分人原有的财务共享中心工作经验，更快、更稳定地实现共享中心成立之初的过渡。在管控服务创新型财务共享中心模式下，对财务人员的要求不再像从前那样全面，每位财务共享人员只需完成整个业务处理中的一个或某几个环节，如同工业化的流水线，降低了对每个流水线上员工的要求，即使是刚毕业的大学生也能胜任。在大量节省人力资源及人力成本的同时，保证了操作的准确性和可靠性，并且明确了个人责任，有助于员工的绩效考核。

1. 财务新时代的人才转型

近年来，随着"互联网+"的发展和企业数字化转型，大部分企业已经彻底摆脱了传统、烦琐的手工记账方式，逐渐走进了信息化发展殿堂。ERP 系统的全面推广很好地使财务系统与采购、销售、人力资源等系统进行了融合与集成，彻底打破了企业内部的信息壁垒，形成了一个共享数据平台。在大数据时代，财务信息焕发出勃勃生机，很多财务信息的收集、处理、分析不再是难题。企业财务信息系统实现集中统一的财务管理平台建设，规范实现企业财务核算一体化管理，在企业的投资决策、全面预算、内部控制、业绩评价等方面发挥着巨大作用。与此同时，云计算、互联网、大数据、数据挖掘等的广泛使用对财务工作、财务行业有着极为深刻的影响。

在新财务时代，财务人员对数据的收集、存储是简单的一步，而真正掌握分析数据、挖掘数据信息、探寻数据信息中所蕴含的商业价值才是重要工作。在大数据时代发展的全面推动下，企业对财务人员的要求不断提升，财务人员不仅要掌握相关的财务管理专业知识，而且必须在了解企业的战略发展规划后帮助企业做好决策工作，从而实现企业利润的增长。大数据时代的到来和企业财务转型对新时代财务人才的要求也进一步提高。

新财务时代的到来对企业财务人员的数据分析能力提出了较高的要求。它要求企业财务人员应具有战略视角去优化、分析大数据带来的意义。计算机的普及应用，在很大程度上解放了财务人员的双手，代替财务人员完成了数据分析的大部分工作。企业财务部门已经从简单的结构化数据分析转化为大量非结构化数据分析。这些数据分析能有效地帮助企业在经营决策中、市场竞争中、供应链管理中、风险规避中提供数据依据。

新财务时代的最大特点就是数据海量。因此，要求企业财务人员必须具备实时数据分析的能力，能够使企业在短时间内了解行业变化趋势，比竞争对手更了解市场、占领市场。新财务时代为企业发展带来的变化就是每时每刻的数据都是新的、都是变化的。企业将这些非结构化的信息进行收集，帮助企业做出在传统会计形势下无法做出的决策。

管控服务型财务共享中心的建设为财务转型奠定了基础，使得企业的业务财务之间的界限逐渐弱化，业财一体化使财务部门逐渐演变成大数据处理部门，信息系统建设的完善和人工智能的迅速发展，使得一些基层会计人员逐渐被取代。企业要建设财务共享中心，不仅需要 ERP 系统的逐步完善，对财务人员的要求也不断提高。财务共享服务对于企业尤其是集团企业的财务管理是大势所趋，广大财务从业者需不断磨炼自身职业技能，才能加快转型的步伐，实现职业生涯的长远规划。同时，财务共享中心建设并非一成不变的，而是一个持续优化的进程。会计政策也在不断与国际通用会计准则接轨。实时掌握新财务共享信息以及会计政策的更新，将会成为财务日常工作质量的基本要求。

随着财务共享本身的作业与智能化的结合越发紧密，共享中心将从一个人力密集型组织转变为一个技术密集型组织。随着规则的不断梳理与完善，并在信息系统中形成可执行的规则后，财务共享中心的作业人员将可被替换，并最终趋于人力的削减。从管理者角度来说，这对整个组织是有益的，但也会对财务共享中心现存员工的转型形成极大挑战。部分能力较高的员工将转至规则梳理的相关岗位，而大量的员工可能因为智能化而离开工作岗位。因此，财务人员只有适应时代发展，加速转型，才有可能避免在新财务时代被淘汰。

大数据时代的到来与不断发展，企业管理会计逐渐彰显出其重要性。因此，在大数据时代下，企业的财务人员应积极调整思路，逐渐向管理会计的方向转型。对于企业的成本控制与内部控制人员，随着市场经济的不断发展与完善，在微利时代，成本的高低将成为企业获利的关键性因素。在大数据时代，专业的成本分析与控制人员，不仅要具备丰富的、扎实的财务专业知识，而且必须对企业的各项生产工艺流程、生产环节、企业的内控流程等进行了解与高度关注，并在成本控制系统的帮助下，充分挖掘相关成本数据，对成本数据进行合理的分配、归集、构成分析等，从而为企业成本的有效控制奠定基础，为企业的决策提供帮助。

现代企业进行的管理基本都是事后管理，越来越多的企业采用 ERP 系统对企业数据进行整合，通过对数据穿透查询，结合企业的预测目标，将企业事后管理逐步变成事前控制。用信息化手段进行事前控制、预测等对企业管理十分重要。在大数据时代，预算作为财务管理的领头羊、核心，要求企业实现全员参与，财务人员需要站在企业战略规划的高度，对企业的战略规划目标进行层层分解，直至预算分析报告的编制、预算绩效考核，以及预算对未来目标与战略的影响与规划，使预算真正发挥其职能作用。因此，大数据时代需要企业的财务人员向全面预算人员转型。

企业的财务人员必须具备专业的分析技能，能够从海量的数据中挖掘出对企业有价值的信息；同时，还可以在数据分析的过程中更加全面地了解企业的发展现状与存在的问题，及时对企业的财务状况、经营成果进行评价。为改善企业的经营管理效率提供更有价值的分析。因此，大数据时代的企业财务人员应积极向专业的财务分析人员转型。

风险管理主要是企业从战略制定到日常经营过程中对待风险的一系列信念与态度，目的是确定可能影响企业的潜在事项并进行管理，为实现企业的目标提供合理的保证。实践证明，内部控制的有效实施有赖于风险管理，战略型财务人员需将企业的风险影响控制在可接受的范围内，来促进企业的可持续发展。因此，在大数据时代，企业的财务人员应向风险管理人员转型。

大数据、大共享理念的延伸与拓展要求财务共享的产生，并在未来成为主要的工作环境，并借此形成数据中心，为未来的决策与发展奠定基础。财务共享中心的人员是财务人员在大数据时代转型的另一个方向。在财务共享中心中，有设计好的专业的标准与流程。如应收应付款项、费用报销、明细账的管理、总账及各种财务报销、资金的管理、税务的合理筹划等。这一职能对财务人员的要求并不高，只要具有一定的财务基础知识、英语基础知识、计算机基础知识，并经过一定的培训即可以转型上岗。这对于那些处于初级阶段的财务人员是一个较好的工作选择。在经过一段时间的熟练以后，可以向更高级的技术型财务人员、战略型财务人员转型。

2. 财务共享服务人才培养

财务共享中心所需人才呈现规模大、专业性强等特点，导致其已经成为各企业发展财务共享中心的一大障碍。财务共享的发展推动了人才转型，因此，对于财务共享中心的人才培养、支持方面的探索显得尤为重要。

虽然中国高校培养了大批会计人员，但很难满足社会对专业型和管理型多层次会计人才的大量需求。人才培养策略的实施主要集中于基层适用型人才，是构建行业人才结构基础的主要方式。因此，对于共享中心、财务服务外包等智力密集型服务业来说，培养人才更是至关重要。新型产业需要新型人才，新型人才培养需要创新性的理念和方式。地方政府可以采用给予园区企业培训补贴等措施来支持企业的员工培训，也可以通过与企业或者第三方机构合作来培训人才。

无论是社会培训还是高校专业培训，财务共享人才培养体系的建立是关键。根据《会计行业中长期人才发展规划（2010—2020年）》中对财会人才的要求以及在"互联网+"时代背景下的财务人员转型趋势，财务人员的职能发生了变化，工作重心由核算向管理—业务财务—财务管理决策转变，同时财务工作职能也面临着像工业4.0一样的发展进程，出现财务领域的4.0，这是社会经济发展的必然趋势。"财务共享服务"课程的设计开发将与时俱进，人才培养定位从核算型转向管理型，以实现工作体系到课程化的转变，职业能力标准到课程标准的转变，以就业为导向，培养学生良好的职业道德和素养，使学生具有熟练的职业技能和可持续发展的关键能力。高校是培养管理人才的重要阵地，在新时期大力推广管理会计、推进财务共享服务，需要进一步优化学校的管理会计人才培养方式。

财务共享服务是一个不断发展和持续优化的过程。未来的发展趋势包括财务共享服务的智能化、财务共享服务中心建设的智能化、财务共享服务的一体化，以及财务共享中心的全球化等。在这些新形势下，对财务人才的知识和能力的要求也发生了改变，需要建设财务共享课程体系，培养新型会计人才。总之，财务共享培养体系的建设任重而道远。对于培养体系的建设，要本着求真务实、与时俱进的原则进行规划，依托"互联网+"的时代背景，将知识的传授转化为学生综合能力的培养，并贯穿在课堂教学中，为培养符合社会所需的会计人才做出应有的贡献。

（五）财务共享与应用创新

我们已经进入以"互联网+""工业 4.0"为代表的数字经济时代，企业要向互联、共享、智能化转型。随着"创新驱动，转型发展"战略目标的指引和管理会计在企业的深化应用，财务管理已经从传统的财务核算向价值创造、精细化、高效多能的专业化财务分工转型。作为多级管控与多元化产业运营的集团企业，迫切需要构建一个以财务为核心支持多级管控的一体化财务云，结合互联网、大数据、移动应用等创新技术，进一步细化管理颗粒度，加强推动企业内外互联互通，消除信息孤岛，更好地实现企业资源有效配置，通过大数据分析进行事前预测，规避企业经营风险，为管理者提供决策支持，将企业管理创新落到实处。

财务共享云是集团企业将财务共享管理模式与云计算、移动互联网、大数据等计算机技术有效融合，实现共享服务、财务管理、资金管理的三效合一。通过建立集中统一的财务共享云中心，支持多终端接入模式，企业能够实现"核算、报账、资金、决策"在集团内部的协同应用，从而提高企业云服务的价值。其价值主要体现在四个方面：第一，实现财务资源的共享，减少人员及软硬件系统的重复设置，降低总体运营成本。第二，强化财务管控力度，强化管理会计建设，通过共享服务实现数据集中，为管理层提供准确、及时和完整的会计信息，深度参与业务运营，提高运营能力。第三，提升企业整合能力，支持企业的业务整合与快速扩张。第四，通过业务标准化、人员专业化，提高财务工作效率，提升财务服务质量等。

现阶段企业高速扩张及内部管控要求提高，推动企业加快建立财务共享云平台，以支撑其快速发展，解决财务服务及财务管控的问题。国内企业在建设共享中心时，不再将追求成本效益因素作为第一要素，而是在加强财务管控、降低运营风险的前提下，进一步完善财务管控体系。管控服务型财务共享云平台将管控与服务并重作为财务共享建设的首要目的，满足了当前集团企业管理精细化、管理会计落地的数字化转型需求，将税务、资金管理、电子发票、会计电子档案全部纳入，助力企业建设管控与服务并重的财务共享中心，更加符合当前企业的管理需求。

与大数据和云计算等结合的财务共享服务中心具备了数据管理基础和技术手段，绩效分析、预算分析、盈利分析、风险预警等内容都变得更加容易和高效，从而可以为企业获取更多的商业信息，创造更多的商业价值。依托系统集成与数据资源共享，全面打造"共享+"工程，服务企业管理需求，"共享+内部审计""共享+人力资源""共享+教育培训""共享+物资采集"等依托数据资源优势的"共享+"项目也在蓬勃开展。

通过管控服务型财务共享云平台的建设，企业能够固化和落实基础财务管理制度，统一基础核算、结算业务管理方针与政策，提升企业财务业务的处理效率及质量，充分发挥财务共享云平台对基础财务核算业务的监控和指导作用，提升企业财务管理水平。企业要想求得生存，必须加快智能化发展的速度，精简业务处理和管理的流程，将员工的工作重心从基础业务向战略管理方向上转变，加速推动企业上云，将信息化、智能化与云服务结合起来，不遗余力地推动企业向前发展进步。

1. 财务共享服务的智能化——财务机器人

随着财务共享服务的不断发展与完善，财务共享中心的服务流程将从当前仅支持标准化、规范化工作，主要服务客户共性需求的"刚性"流程，逐步向支持灵活性、可扩展性工作，可以服务客户个性需求的"柔性"流程方向发展。此外，随着机器人流程自动化（Robotic Process Automation，RPA）技术的逐渐成熟，共享流程的处理会加速向自动化方向发展，在可预计的未来，财务共享中心的常规工作岗位将由财务机器人程序所代替，财务共享中心终会演变成财务自动化工厂。柔性化和自动化的方向并非一致，柔性化的需求将会增加自动化的难度。自动化的实现与人工智能密不可分。作为一门新的计算机技术科学，人工智能是基于大数据、模拟、延伸和拓展人类智能所作出的理性判断。人工智能是基于大量重复数据，并记载了以前的数据，从而发挥记忆和延伸功能的一种计算机技术科学。人工智能技术对财务共享中心最为重要的改变就在于推动财务共享建设流程的自动化。财务共享中心具备高度标准化和业务量大的特征，而智能化的财务共享服务处理平台可以搭建云端企业商城，利用电商化平台实现与供应商、客户之间的无缝连接，并借助发票电子化打通税务数据与交易的关联，回归交易管理为核心的企业运营本质，重构传统财务处理流程，实现对员工日常消费、差旅服务以及大宗原材料、低值易耗品采购的在线下单、支付，企业统一对账结算，最终实现业务透明化、流程自动化、数据真实化。

目前，四大国际会计师事务所均已经推出自己的财务机器人，浪潮的财务机器人Sam也已上线，意味着财务共享的智能化趋势已经开始落地。目前所推出的财务机器人是能够部署在服务器或计算机上的应用程序，它的主要功能包括：替代财务流程中的手工操作；管理和监控各自动化财务流程；录入信息，合并数据并汇总统计；根据既定的业务逻辑进行判断；识别财务流程中的优化点；专票管理和纳税申报、往来结转和盘点、开票等。财务机器人能够集中解决财务流程中高度重复的手工操作耗费大量人力和时间的问题；解决跨岗位的实务操作需要协同处理，沟通成本高且效率低下的问题；手工处理出错率较高和获取数据准确性低的问题；提高财务处理效率，解决财务流程受困于时间和人力，某些合规和审计工作抽样无法达到100%覆盖的问题。此外，机器人的操作在成本以及工作效率上都存在显著性优势。此外，一些智能记账系统也渐渐出现，借助实际成本、标准成本和业务预算等系统建立起生产、库存、采购等各环节成本预测、控制、核算、分析与考核的全过程管理体系，能准确地统计分析并披露成本信息，便于管理人员控制作业、考评绩效，实现成本管理的事前计划、事中控制、事后分析。此外，智能记账系统的成本管理解决方案涵盖了成功开展企业成本管理活动所需的主要业务处理功能。

财务机器人、智能记账系统、AI技术的应用，不仅实现了流程自动化，也越来越能够满足客户的个性需求，兼备"柔性化"，这意味着人工智能将在财务共享中心建设中扮演越来越重要的角色。

2. 支撑数字化转型的强大"中台"兴起

华为创始人任正非认为，未来的战争是"班长战争"，公司不能有一个庞大的机关，一定要把权力授权下去。

中台思想来源于美军作战阵型的演变，第二次世界大战时以军为单位，越南战争时以营为单位，伊拉克战争时以极小班排为单位，拥有强大的中台炮火群，运筹帷幄的后台指挥系统。将中台思想引入企业组织架构和信息系统构建，总体架构如下：前台是企业大脑（智慧供应链、智能制造、智慧物流、数字营销等）；中台包括业务中台（智能报账平台、共享服务平台）、数据中台（大数据计算服务、画像分析）、技术中台（云端IDE、动态建模）；后台包括业务后台（总账、资产、存货、报表）、数据后台（大数据仓库、分布式存储）、技术后台（基础服务、租户IPv6）。中台本质是解决共享和配速问题，是抽象的可被复用的服务，支撑快速应变。我们必须全面融合中台理念，关注平台的变化，智能化时代已来，已由原来的"流程驱动"转成"数字驱动"，数字创造价值。

二、财务共享的未来展望

建立财务共享服务中心是财务转型、企业转型升级的第一步。未来财务共享服务中心的发展方向与企业的现实情况、信息技术的发展程度、管理者的前瞻性密切相关。从应用的深度和覆盖的广度两个角度来看，未来的财务共享将朝着"大共享"和"价值创造"发展，给企业带来更大的价值创造空间。

（一）向无边界企业共享平台迈进

从信息技术发展的角度考量，随着信息技术日新月异的发展和"互联网+"时代商业模式创新的不断涌现，未来的财务共享服务中心也需要适应信息技术变化而不断变化。共享中心在"互联网+"时代将进一步向无边界企业共享平台迈进。主要表现在以下几个方面。

1. 共享边界扩展

财务共享服务中心不仅要覆盖企业全体员工，还要能涵盖企业产业链上下游的合作伙伴，比如供应商、经销商、代理商等。而信息技术的发展使边界的扩展成为可能。对内，财务共享服务中心要和企业的各种系统，包括 ERP 系统、预算系统、资金系统、OA 系统等进行集成；对外，财务共享服务中心可以和银行、商旅、税务等系统进行集成。一方面，打通消费和报销流程，将企业的日常采购和支出的大部分业务活动置于共享中心的支撑和管控之下，实现采购和支付过程的全程管理，极大提高管理效率，降低资金占用；另一方面，推进实现共享与税务、发票管理等的鉴真、复核的全方位直联，极大提升企业的运作效率，降低业务风险。

2. 多终端应用

移动终端的普及正在使移动报销、移动预算、移动审批等成为趋势。财务共享服务中心在手机端、ipad 端随时随地的应用必将成为共享中心的标配功能。以 TCL 集团为例，其基于共享平台的轻量级微信集成应用，使用户可以随时随地处理审批、报销等事项。

3. 云端应用

无论是财务共享服务向产业链上下游扩展，还是其多终端的移动应用，如果能够借助于"云技术"，这些变化实现起来都会相对容易。这是因为财务共享服务中心建立后，将产生海量的数据。海量数据的存储和分析，都需要借助于大数据技术。如果仅仅靠企业自身增加设备和人员，不但会大大增加企业的成本，而且也会妨碍财务共享服务中心的升级换代。因此，为用户提供安全、稳定的云端共享应用，无疑是财务共享服务中心的系统供应商努力实现的方向。

未来，越来越多的中国企业将借助于云计算、大数据、移动互联网等信息技术建立财务共享服务中心，完成企业财务组织和流程的再造，不断深化财务变革，让财务真正发挥价值创造的作用，成为打造企业核心竞争力的利器。

（二）向全球化运营平台迈进

或许在未来，大型跨国企业集团遍布全球的分支机构，都需要将合同、票据、报销单据等统一传送至全球化共享运营平台，在数秒内即可完成操作。

当前，大多数中国企业的财务共享服务中心还是分地域运营。今后，随着经济全球一体化的进展，以及中国企业"走出去"步伐的加快，未来的财务共享服务中心将会跨越更大更广的地域，在全球范围内提供便捷、统一的服务，形成全球化运营的财务共享服务中心。

全球化运营平台需要具备一定的基础。随着中国区财务共享服务中心管理经验的积累、系统、流程的规范与改进，业务容量的逐渐增大，会有更多的企业集团将所有子公司全部纳入财务共享服务中心的业务范围，共享全面的财务服务，实现真正意义上的中国区财务共享服务中心甚至全球财务共享服务中心，这一趋势给财务共享服务中心的运作和管理能力也提出了更高的要求。

需要说明的是，建立区域共享中心还是全球化共享中心取决于企业的发展战略和自身需求。越是国际化经营的企业，越需要全球化运营的财务共享服务中心提供支持、提高竞争力。

（三）向利润中心迈进

目前中国财务共享服务中心运营的模式可以划分为企业内部运营、外部独立经营以及内外部结合运营三种形式。

未来，对于大型企业集团而言，从内部运营走向提供外包服务将成为趋势。外包服务不仅可以满足自身财务共享服务的需求，而且可以充分利用已经建设的财务共享服务中心进一步扩大业务范围、降低运营成本，逐渐从成本中心变为利润中心，成为企业创造新价值的独立经济体。

要想成为集团公司的一个利润中心，就要求它在内部运营时积累丰富的运营经验，建立完全的内部成本核算体系，与服务的下属子公司或分公司签订服务水平协议，对所提供的服务计价管理。

当然，只有运营成本足够低时，财务共享服务中心才能够考虑从事外包业务，否则将没有竞争优势。而要真正走向市场，对于财务共享服务中心的管理人员也提出了更高的要求，他们不仅需要专业知识、管理经验，更为重要的是要有市场营销的能力，成本控制的能力。财务共享服务中心的经营，不再是通过服务补偿成本，而是通过服务赚取利润。

(四) 向全流程共享服务平台迈进

目前，共享服务能够覆盖 2/3 的职能部门。未来，在财务共享服务中心运作成熟的基础上，功能将进一步扩展，它的作用预计将逐渐拓展至供应链（从客户端到供应商）的整个过程，从财务领域逐渐拓展至生产经营的整个过程，实现企业经营的全流程覆盖。同时，共享中心将企业的管理人员从繁杂的非核心业务工作中解放出来，将精力放在为企业提供更高的决策支持、分析及业务管理等关键性工作上，为企业创造出更大的价值，进而实现自身的转型与企业的转型升级。

参考文献

[1] 阿妮塔·S. 霍兰德. 现代会计信息系统 [M]. 杨周南等, 译. 北京: 经济科学出版社, 1999.

[2] 陈虎, 孙彦丛. 财务共享服务 (第2版)[M]. 北京: 中国财政经济出版社, 2018. 07

[3] 陈嘉乐, 梁芳. 企业财务共享服务数字化转型研究 [J]. 合作经济与科技, 2023 (13): 137—139.

[4] 陈先川. 人工智能时代下企业财务共享服务的应用及发展 [J]. 全国流通经济, 2022 (20): 58—61.

[5] 高艺洋. 财务共享模式下企业财务管理转型的思考 [J]. 现代企业文化, 2022 (33): 46—48.

[6] 郭萌. 财务共享服务中心信息化建设微探 [J]. 财经界, 2020 (30): 94—95.

[7] 郭智锋. 大数据时代的财务共享研究 [J]. 财会学习, 2022 (29): 9—11.

[8] 郝亚平. 财务共享服务模式对企业管理的影响 [J]. 中小企业管理与科技, 2023 (8): 173—175.

[9] 黄欢. 企业集团财务共享服务中心的构建研究 [J]. 大众投资指南, 2023 (10): 131—133.

[10] 黄长胤, 王莹, 吴忠生, 等. 财务共享服务中心建设和运营中的风险管理研究 [J]. 商业会计, 2022 (22): 60—64.

[11] 康玉婷. 大数据时代财务共享问题分析探讨 [J]. 财经界, 2022 (16): 119—121.

[12] 郎琳. 人工智能时代下的财务共享服务 [J]. 商业经济, 2019 (8): 137—138.

[13] 黎精明, 曹泰舸. 对财务共享若干重大基础理论问题的研究 [J]. 财会月刊, 2023, 44 (4): 12—18.

[14] 李昂. 财务共享服务下企业内部控制研究 [J]. 经济师, 2022 (10): 91—92.

[15] 李燕. 移动互联网趋势下企业财务共享服务研究 [J]. 时代金融, 2018 (6): 190—191.

[16] 李燕华, 路立敏. 财务共享对企业会计信息质量的影响探析 [J]. 现代商贸工业,

2020，41（18）：112—113.

［17］廉德冠. 论财务共享对企业会计信息质量的影响［J］. 中国集体经济，2021（35）：
145—146.

［18］卢闯. 财务共享：理论与实务［M］. 北京：中国人民大学出版社，2021.

［19］马忠喜. 企业财务共享服务中心构建问题及应对策略［J］. 纳税，2023，17（15）：
67—69.

［20］南京晓庄学院经济与管理学院. 企业财务管理［M］. 南京：东南大学出版社，2017.

［21］潘晓玉. 云计算背景下财务共享服务中心的应用［J］. 黑河学院学报，2022，13
（7）：62—64.

［22］邱思明. 基于财务共享的企业内部控制优化策略［J］. 商场现代化，2022（24）：
162—164.

［23］孙玥璠，孙彦丛. 财务共享服务教程［M］. 北京：经济科学出版社，2021.

［24］田高良. 财务共享理论与实务［M］. 北京：高等教育出版社，2020.

［25］田彦超. 企业财务共享服务中心建设及优化研究［J］. 中国总会计师，2023（4）：
123—125.

［26］王华治. 提升企业会计信息质量的有效措施［J］. 今日财富（中国知识产权），2022
（2）：79—81.

［27］王俊杰. 企业财务共享服务中心的实施效果研究［J］. 现代商业，2023（8）：184—
187.

［28］王兴山. 数字化转型中的财务共享［M］. 北京：电子工业出版社，2018.

［29］叶晓玲. 财务转型工作的五大方向［J］. 财务管理研究，2023（3）：9—10.

［30］裔良杰. 集团型企业财务共享服务中心建设路径［J］. 纳税，2023，17（15）：82—
84.

［31］张晴，项丽群. 财务共享模式下企业财务管理转型的思考［J］. 会计师，2021
（21）：1—3.

［32］张伟. 财务共享对推动财务数字化的理论分析［J］. 全国流通经济，2022（36）：
165—168.

［33］张忠伟. 新型财务共享服务模式下业财融合研究［J］. 中国市场，2023（18）：
153—155.

［34］赵津津. 财务共享下的财务管理转型思考［J］. 中国集体经济，2022（35）：128—
130.

［35］赵晓平. 财务共享服务中心的信息化建设探讨［J］. 财会学习, 2022（30）：11—13.

［36］周兰兰. 财务共享服务对企业风险管理的作用研究［J］. 财经界, 2023（15）：111—113.

［37］朱效春. 财务共享服务中心运营及完善对策研究［J］. 中国外资, 2020（12）：69—70.